Do projecto ao edifício, do habitat ao espaço envolvente, do campo à cidade, do funcional à vanguarda, do pitoresco ao estético, da utopia à realidade — o campo de análise é imenso. A razão de ser desta colecção reside na abordagem, sob os ângulos mais diversos, das questões fundamentais da arquitectura e do urbanismo. Mas isso não implica, naturalmente, a exclusão de estudos referentes a outras épocas, sobretudo quando contribuem para melhor compreendermos a nossa.

ALTER ARQUITECTURA

Fondation Philippe Rothier pour l'Architecture

Título original / Título original:
Alter Architecture

© Archives d'Architecture Moderne

Esta tradução teve por base a edição bilingue francês/inglês publicada por / Esta traducción se basa en la edición bilingüe francés/inglés publicada por

Archives d'Architecture Moderne

www.aam.be

Tradução / Traducción: Luís Filipe Sarmento

Revisão da versão castelhana / Revisión de la versión en castellano: Esther Rosado Rodríguez

Capa / Portada: FBA

Depósito Legal n.º 358493/13

Biblioteca Nacional de Portugal – Catalogação na Publicação

CULOT, Maurice, 1937-

Alter arquitetura. – (Arquitectura & urbanismo ; 12)
ISBN 978-972-44-1752-3

CDU 72.03
711

Paginação / Paginación: MJA sobre modelo gráfico concebido por / Sobre modelo gráfico diseñado por La Page, Bruxelas

Impressão e acabamento / Impresión y acabado: Papelmunde
para
EDIÇÕES 70, LDA.
Maio de 2013

Direitos reservados para todos os países de língua portuguesa e espanhola / Derechos reservados para todos países de habla portuguesa y española
por Edições 70

EDIÇÕES 70, uma chancela de Edições Almedina, S.A. / Ediçoes 70, un sello de Edições Almedina, S.A.
Avenida Fontes Pereira de Melo, 31 – 3.º C – 1050-117 Lisboa / Portugal
e-mail: geral@edicoes70.pt

www.edicoes70.pt

Esta obra está protegida pela lei. Não pode ser reproduzida, no todo ou em parte, qualquer que seja o modo utilizado, incluindo fotocópia e xerocópia, sem prévia autorização do Editor. Qualquer transgressão à lei dos Direitos de Autor será passível de procedimento judicial.
Esta obra está protegida por la ley. No puede ser reproducida, en su totalidad o en parte, cualquiera que sea el modo utilizado, incluyendo fotocopias e xerocopias sin la autorización del Editor. Cualquier transgresión de la Ley del Derecho de Autor será pasible de acción penal.

EDIÇÃO BILINGUE EDICIÓN BILINGÜE

MAURICE CULOT (ORG.)
ALTER ARQUITECTURA

PREFÁCIO PREFACIO JOSÉ BAGANHA

Fondation Philippe Rothier pour l'Architecture

Capa / Portada | Esquisso de Rita Marquito sobre fotografia de capa da *Architectural Design*, agosto de 1971/Dibujo de Rita Marquito sobre foto de cubierta d'*Architectural Design*, agosto de 1971.

p. 12-13 | Museu, igreja e cemitério/ Museo, iglesia e camposanto, Aldeia da Luz, Pedro Pacheco e Marie Clément, arquitetos/arquitectos, 1998-2003.

p. 130-131 | «A Pérola», fábrica geotérmica/«La Perla», fábrica geotérmica, Reiquiavique, Islândia, Sveinsson Ingimunder, arquiteto/arquitecto, 1988.

p. 140 | Natureza morta/Naturaleza muerta, foto de Mauro Davoli in *Rêve d'Italie, Pier Carlo Bontempi*, Bruxelas/Bruselas, AMM, 2004.

p. 146 | Mesquita Ruwais em Jeddah, em construção, Arábia Saudita/Mezquita Ruwais, Jeddah, en construcción, Arabia Saudita, Abdel Wahed El-Wakil, arquiteto/arquitecto, 1986.

p. 152 | Belvedere Farm, Ascot, Inglaterra, Demetri Porphyrios & Associados, arquitetos/arquitectos, 1989.

p. 158 | Casas tradicionais em Sidi Bou Saïd, na Tunísia/Casas tradicionales en Sidi Bou Saïd, Túnez, Tarak Ben Miled, arquiteto/arquitecto, 1985-1996.

p. 164 | A nova aldeia de Pitiousa, na ilha de Spteses, na Grécia/El nuevo pueblo de Pitiousa, en la isla de Spetses, Grecia, Demetri Porphyrios & Associates, arquitetos/arquitectos, 1993.

p. 170 | Estrutura vegetal a partir de ramos de salgueiro plantados no solo/ Estrutura vegetal flexible obtenida a partir de ramas de sauces plantados en el suelo, Marcel Kalberer, arquiteto/arquitecto, 2001.

p. 176 | Küstendorf, aldeia construída e desenhada por iniciativa do cineasta Emir Kusturica/ pueblo de Küstendorf construido y diseñado por encargo del director de cine Emir Kusturica.

p. 182 | Centro da cidade, Le Plessis-Robinson/Centro de la ciudad, Le Plessis-Robinson, Francia, François Spoerry, Xavier Bohl, Marc e/y Nada Breitman, arquitetos/arquitectos, 1996-2008.

p. 192 | Cinema Sil Plaza, Ilanz, Suíça/Cine Sil Plaz, Ilanz, Suiza, Ramun Fidel Capaul & Gordian Blumentahal, arquitetos/arquitectos, 2006-2010.

ÍNDICE / INDICE

PREFÁCIO / PREFACIO 7
José Franqueira Baganha

O VOO DO PENSAMENTO / EL VUELO DEL PENSAMIENTO 14
Maurice Culot

UM ITINERÁRIO EUROPEU / UN ITINERARIO EUROPEO 130

À ESPERA DO COMETA OU A PROVA DOS 7
ESPERANDO EL COMETA O LA PRUEBA DE LOS 7 132
Philippe Rotthier

1980-2005 PRÉMIO EUROPEU DE ARQUITETURA / PREMIO EUROPEO DE ARQUITECTURA 139

1982 A intolerância do pluralismo / La intolerancia del pluralismo 141
Léon Krier

1987 Rumo a um pluralismo / Rumbo a un pluralismo 147
Léon Krier

1992 O desejo de eternidade / El deseo de eternidad 153
Bruno Foucart

1995 Dom Quixote e os moinhos de betão / Don Quijote y los molinos de hormigón 159
Sergio Frau

1998 Globalizar a qualidade de vida / Mundializar la calidad de vida 165
Gabrielle Lefèvre

2002 Babel Story ou pequenos pensamentos entre amigos / Babel Story o los pequeños pensamientos entre amigos 171
Françoise Lalande

2005 Depois da guerra / Después de la guerra 177
Rudy Ricciotti

2008 Para o novo urbanismo europeu / Para un nuevo urbanismo europeo 183
Maurice Culot

2011 A arquitetura reencontrada / La arquitectura reencontrada 193
Paolo Portoghesi

PREFÁCIO PREFACIO

*A*lter Architecture é uma obra de referência no contexto da crítica ou do ensaio sobre a arquitetura e a intervenção no espaço urbano, na Europa mas também noutras regiões do Mundo, desde finais do século passado até aos nossos dias, dando a conhecer boa parte da produção que, neste âmbito, os seus autores foram conseguindo concretizar, não sem grandes obstáculos, tendo como denominador comum o respeito por valores como a História, a Tradição, a Identidade Local e a Natureza; Valores estes que, há que reconhecer, têm sido sistematicamente ignorados pelos diversos agentes envolvidos no planeamento e na construção, aos diversos níveis, nos nossos territórios, sejam estes urbanos ou rurais.

Tomando como base de trabalho o conjunto de autores e obras premiadas, desde inícios do anos 80 do século passado até 2011, no âmbito do Prix Européen Pour la Reconstrucion De La Ville, atribuído pela Fondation Pour L'Architecture, de Bruxelas, e com referências muito oportunas a outros autores e obras, antecedentes, apresenta-se uma dissertação – quase que um manifesto – que se afigura como alternativa ecológica à produção dominante da arquitetura e do urbanismo desde meados do século xx. Constitui, assim, um documento de uma atualidade extraordinária, e de grande utilidade, nos tempos difíceis por que passamos neste nosso Planeta tão mal tratado. Fico muito satisfeito, portanto, por finalmente ter

*A*lter Architecture es una obra de referencia en el contexto de la crítica o ensayo sobre arquitectura e intervención en el espacio urbano no sólo en Europa sino también en otras regiones del mundo, desde finales del siglo pasado hasta nuestros días, dando a conocer una buena parte de la producción que, en este ámbito, sus autores fueron concretando, no sin grandes obstáculos, teniendo como denominador común el respeto por valores como la Historia, la Tradición, la identidad local y la naturaleza; valores que, hay que reconocerlo, han sido sistemáticamente ignorados por los diversos agentes implicados en el planeamiento y construcción, a diversos niveles, en nuestros territorios, sean urbanos o rurales.

Tomando como base de trabajo el conjunto de autores y obras premiadas, desde principios de los 80 del siglo pasado hasta hoy (2011), en el ámbito del «Prix Européen Pour la Reconstrucion de la Ville» de la «Fondation Pour L'Architecture», de Bruselas, y con referencias muy oportunas a otros autores y obras, antecedentes, se presenta una disertación – casi un manifiesto – que se muestra como alternativa ecológica a la producción dominante de la arquitectura y urbanismo desde mediados del siglo xx. Constituye, así, un documento de actualidad extraordinaria, y muy útil, en estos tiempos tan difíciles que vivimos en nuestro Planeta tan maltratado. Por eso, me alegro que finalmente haya podido convencer a un

conseguido convencer um editor português a traduzi-la e editá-la. Aliás, quando o Pedro Bernardo da Edições 70 me pediu para escrever este texto de introdução, surgiram-me sentimentos um pouco contraditórios – de satisfação e de ansiedade, ou apreensão – por se tratar de uma tarefa simultaneamente honrosa e de grande responsabilidade.

De facto, nesta obra, o seu autor – o meu querido amigo Maurice Culot – consegue, com notável sucesso, apresentar de forma resumida mas bastante abrangente, ou completa, o trabalho de todos quantos, como ele, eu e tantos outros, entendemos que não é correto pensar a arquitectura de modo «amnésico», cortando com o passado, com a tradição e com o contexto em que é suposto esta ser produzida.

«Alter» é alternativa à produção em série ligada à era industrial; alternativa à descontinuidade, à novidade como um fim em si mesmo, elevada a estatuto quase «divino»; alternativa à produção para a sociedade do espetáculo e do consumismo desenfreado e acluturado da «post-modernidade», das modas de *saison* sujeitas a lógicas especulativas; alternativa à internacionalização ou globalização de um «estilo» ou método de composição único, ditatorial. Arquitetura ecológica e humanista para um mundo extremamente carente de alternativas, de reconciliação com a natureza, de harmonia, de beleza, de amor e de honestidade.

Maurice Culot expõe-nos aqui um conjunto de obras que comprovam que há, de facto, alternativas e que é possível construir no respeito pelas singularidades locais, pelos valores do humanismo e do pluralismo, repondo o «rio no seu leito natural», sem preconceitos de estilo. Demonstra-nos que é possível inverter o caminho que tem vindo a dominar o panorama da produção arquitetónica nas últimas décadas e criar edifícios e espaços púbicos harmoniosos, sem agredir o meio ambiente. Fala-nos também de mestres como Quinland Terry, Francois Spoerry ou León Krier, entre outros, cujo trabalho inspirou novos arquitetos mais conscientes da emergência das mudanças e do extraordinário e generoso papel da Fondation Pour L'Architecture e do seu mecenas – o arquiteto Phillipe Rotthier – no apoio a estes autores e na divulgação das suas obras. E quem melhor que o Maurice – ele próprio um grande amigo e companheiro de Phillipe Rotthier e um arquiteto com obra notável neste domínio – para nos falar neste tema? Responsável, por muitos anos, pelos Archives D'Architecture Moderne (AAM), Maurice Culot conhece bem, talvez melhor que ninguém, os autores e os atores «Alter» – as instituições, as pessoas, os lugares, as obras – e tem contribuído para a sua divulgação através de artigos, livros, exposições, conferências e todo um vasto conjunto de eventos onde se tem destacado pela sua forma de estar sempre jovial e de alegria contagiante (não é possível estarmos muito tempo no seu convívio sem que nos encante com a sua boa disposição, o seu humor e inteligência). Homem de uma cultura vastíssima e de uma capacidade de comunicar que só muito raramente tenho encontrado, ama a vida intensamente.

Estou certo de que este livro vem, assim, enriquecer o nosso património cultural, acrescentando um contributo precioso de esperança num futuro melhor para a Humanidade.

Obrigado Maurice, obrigado Phillipe, obrigado Edições 70.

Cascais, 4 de Março de 2013.

conscientes de la emergencia de cambios y el extraordinario y generoso papel de la «Fondation Pour L'Architecture y de su mecenas – el arquitecto Phillipe Rotthier – en apoyo a estos autores y divulgación de sus obras.
¿Quién mejor que Maurice – él mismo es un gran amigo y compañero de Phillipe Rotthier y un arquitecto con notable obra en este campo – para que nos hable sobre este tema? Responsable durante muchos años de los «Archives D'Architecture Moderne» (AAM), Maurice Culot conoce bien, tal vez mejor que nadie, los autores y actores «Alter» – las instituciones, personas, lugares, obras – y ha contribuido a su divulgación a través de artículos, libros, exposiciones, conferencias y todo un vasto conjunto de eventos donde ha destacado por su manera de estar siempre jovial y de alegría contagiosa (no es posible estar mucho tiempo conviviendo con él sin que nos fascine con su buena disposición, humor e inteligencia). Hombre de una cultura vastísima y capacidad de comunicación que muy raramente encuentro, ama intensamente la vida.

Estoy seguro de que este libro viene, así, a enriquecer nuestro patrimonio cultural, añadiendo una valiosa contribución de esperanza a un futuro mejor para la Humanidad.

Gracias Maurice, gracias Phillipe, gracias Edições 70.

Cascais, 4 de Marzo de 2013.

José Franqueira Baganha

O VOO DO PENSAMENTO

EL VUELO DEL PENSAMIENTO

O VOO DO PENSAMENTO

Ah, a palavra burguês! Era, nessa época,
em Paris, uma acusação tão terrível como traidor

Jane Fonda, *My Life So Far*, 2004

No fim da Grande Guerra, a penumbra já não estava na moda. A miséria das trincheiras, a promiscuidade dos homens, muita terra revolvida, paredes enegrecidas por todo o lado em vez de salas de fumo separadas, vestuário provocante, enfeites de estuque, apartamentos repletos de fetos e árvores-da-borracha, o *Matchiche*(*) por Mayol ou *Madame Arthur* por Ivette Guilbert e, na generalidade, o *Kitsch Modern Style*.

Em 1920, ridiculariza-se tudo o que os velhos admiram. Charles Girault, o autor de Petit e Grand Palais na Exposição de 1900, favorito do rei Leopoldo, antes elevado aos píncaros, junta-se à companhia de Pompiers, enquadrado não pelos anjos Cegeste e Heurtebise, mas pelos sátiros e ninfas de Adolphe William Bougereau. O mastodôntico Palácio da Justiça de Bruxelas de Joseph Poelaert deu início ao insulto «arquiteto!». O Palácio dos Correios de Madrid de António Palácios vê-se qualificado por Trotsky como «catedral de Santa Maria das Comunicações». O Vittorino de Guiseppe Sacconi, inaugurado em 1911, em memória de Victor-Emmanuel II e em homenagem à unidade italiana, é rebatizado pelos romanos como «máquina de escrever». O golpe final é dado por Léon Daudet, fundador, com Charles Maurras, da Action Française, que publica em 1922 *Le Stupide XIXe siècle*.

(*) Também conhecido como *tango brasileiro*, surgindo no Rio de Janeiro em 1868 (*N.T.*).

O Trocadero em Paris/El Trocadero en París,
Davioud & Bourdais, arquitetos/arquitectos, 1878.

EL VUELO DEL PENSAMIENTO

¡Ah, la palabra burgués! Fue, en esa época,
en París, una acusación tan terrible como traidora

Jane Fonda, *My Life So Far*, 2004

Palácio da Justiça de Bruxelas/Palacio de Justicia de Bruselas, Joseph Poelaert, arquiteto/arquitecto, foto de 1883.

En el fin de la Primera Guerra Mundial, la penumbra ya no estaba de moda. La miseria de las trincheras, la promiscuidad de los hombres, mucha tierra revuelta, muros ennegrecidos por todas partes en vez de salas aisladas de fumadores, ornatos de estuco, pisos atiborrados de helechos y de árboles de caucho, el *Matchiche*(*) por Mayol o *Madame Arthur* por Ivette Guilbert, y en la generalidad, el *Kitsch Modern Style*.

En 1920, se ridiculiza todo lo que los viejos admiran. Charles Girault, el autor de los Petit y Grand Palais en la Exposición de 1900, el predilecto del Rey Leopoldo, antes en lo más alto del esplendor, se une a la compañía de Pompiers, rodeado no por los ángeles Cegeste e Heurtebise, sino por los sátiros y ninfas de Adolphe William Bougereau. El mastodóntico Palacio de Justicia de Bruselas de Joseph Poelaert empezó con el insulto «¡arquitecto!». El Palacio de Correos de Madrid de Antonio Palacios es calificado por Trotsky como «Catedral de Santa María de las Comunicaciones». El Vittorino de Guiseppe Sacconi, inaugurado en 1911 en memoria de Victor-Emmanuel II y en homenaje a la unidad italiana, es rebautizado por los Romanos como «máquina de escribir». El golpe final es dado por Léon Daudet, fundador, junto con Charles Maurras, de la Action Française, que publica en 1922 *Le Stupide XIXe siècle*.

(*) También es conocido como *tango brasileño*, que aparece en Rio de Janeiro en 1868 (*N.T.*).

Cidade-jardim/Ciudad-jardín. Henri Derée, arquiteto/arquitecto, 1920.

Os tempos vibram com um irresistível desejo de romper com o mundo de antes da guerra e com todas as coisas que são vistas como trastes de uma sociedade irresponsável. O furor de viver dos sobreviventes é acompanhado por uma imensa sede de simplicidade e de ligeireza. De ar e luz, como em *La Conquête de l'Air*, de Roger de la Fresnaye, ou em *L'Équipe de Cardiff*, de Robert Delaunay. Também muito branco, imaculado, à imagem das fardas das enfermeiras inglesas e americanas. *O peso do mundo é falso,/é necessário começar do zero,/ é necessário começar do nível da terra e do mar./ Prestai o vosso apoio a uma obra de caridade:/ o mundo recomeça*, escreve Paul Morand em 1920 (*Cure de Printemps*). A ideia da tábua rasa, que percorre a literatura e as artes, chega por sua vez à arquitetura: *Tomámos o gosto pelo ar livre e pela luz plena*, escreve Le Corbusier em 1923 em *Vers une Architecture*, livro profético que anuncia a rutura com o passado e o advento de uma ordem arquitetural sustentada na mecanização e na estandardização.

As casas baratas de belas fachadas de tijolo construídas ao lado das fortificações de Paris, as cidades-jardim alemãs, belgas, holandesas, com as suas casinhas de telhados vermelhos no meio da vegetação, são o antídoto aos bairros mineiros e saguões, aos casarões de habitação com a sua sucessão de pátios, de fachadas enegrecidas de um Norte que começa em Paris e acaba nas estepes soviéticas. A casa cúbica, em cimento liso e branco, com aberturas retangulares emolduradas por metal negro tornam-se o emblema arquitetónico do higienismo e do corpo saudável que as nações refeitas exaltam. Construída sobre pilares, a habitação deixa o ar penetrar melhor, enquanto, no terraço, os felizes e espirituais proprietários se entregam ao heliotropismo, à ginástica sueca, à audição de *jazz*, ao consumo de gin tónico ou de gin *fizz*. Projetados por estetas, por amadores de arte moderna ou por snobes, os objetos arquitetónicos podem revelar-se tão sublimes como um quadro de Picasso ou uma escultura de Brancusi. Le Corbusier, com a casa Savoye, que constrói em Poissy em 1928, assina um inolvidável

Los tiempos vibran con un irresistible deseo de romper con el mundo antes de la guerra y con todas las cosas que son vistas como trastos de una sociedad irresponsable. El furor de vivir de los supervivientes es acompañado por una inmensa sed de simplicidad y de ligereza. De aire y luz, como en *La Conquête de l'Air* de Roger de la Fresnaye o en *L'Équipe de Cardiff* de Robert Delaunay. También mucho blanco, inmaculado, a la imagen de los unformes de las enfermeras inglesas y americanas. *El peso del mundo es falso, / es necesario empezar a partir de cero, / es necesario empezar del nivel de la tierra y del mar. / Presten vuestro apoyo a una obra de caridad: / el mundo recomienza,* escribe Paul Morand en 1920 (*Cure de Printemps*). La idea de tabla rasa que recorre la literatura y el arte llega a su vez a la arquitectura: *Cogemos el gusto por el aire libre y por la luz plena,* escribe Le Corbusier en 1923 en su obra *Vers une Architecture,* un libro profético que anuncia la ruptura con el pasado y la llegada de un orden arquitectural sostenido en la mecanización y en la estandarización.

Residência do arquiteto/Casa del arquitecto Emile Goffay, em Bruxelas/en Bruselas, 1935.

Las casas baratas de bellas fachadas de ladrillo construidas al lado de las fortificaciones de Paris, las ciudades-jardín alemanas, belgas, holandesas, con sus pequeñas casas de tejados rojos en el medio de la vegetación, son el antídoto a los barrios mineros y a los zaguanes, a los caserones de habitación con su sucesión de patios, de fachadas ennegrecidas del Norte que comienza en París y acaba en las estepas soviéticas. La casa cúbica, en cemento liso y blanco, con aperturas rectangulares encuadradas por metal negro, se vuelve al emblema arquitectural del higienismo y del cuerpo saludable que las naciones rehechas exaltan. Construida sobre pilares, la habitación deja el aire penetrar mejor, mientras que, despojada en la terraza, los felices y exquisitos propietarios se entregan al heliotropismo, a la gimnastica sueca, a la audición de jazz, al consumo de gin-tonic o de gin *fizz*. Proyectados por estetas, por amadores del arte moderno o por snobs, los objetos arquitecturales pueden revelarse tan sublimes como un cuadro de Picasso o una escultura de Brancusi. Le Corbusier, con la casa Savoye, que construye en

Paquete/Paquebote, 1935.

poema arquitetónico, uma ode a uma Arcádia moderna, depurada de escórias do passado. E uma vez que a arte não tem preço, que importa se a frágil casa, hoje classificada como monumento histórico, deixa entrar água por todo o lado e já foi reconstruída por três vezes. O *fair-play* impõe não colocar a questão das infiltrações e do mofo até que ponha em causa as condições de existência de famílias meritórias.

Os modernistas opõem à arquitetura decorativa as linhas simples do transatlântico, do avião e do objeto em série glorificado pelos fotógrafos da *Nouvelle Objectivité*. No seu panteão arquitetural pontificam as aldeias arcaicas, as casas campesinas de Ibiza de origem fenícia, as *trulli* italianas, as *dammusi* da ilha de Pantelleria com os seus terraços de telhados ligeiramente abaulados, a arquitetura tradicional do Magreb, as cubatas do Mali em forma de concha… Mas a semelhança entre os cubos brancos de betão e o *habitat* imemorial é essencialmente visual e não excede o simples jogo de volumes articulados na luz.

As arquiteturas arcaicas estão intimamente ligadas às crenças, ao clima, à orientação, à hidrografia, aos costumes e modos de vida, à defesa contra insetos, animais, invasores… As suas formas resultam de um modo construtivo definido pelos hábitos, maneiras de cozinhar e de se aquecer, materiais disponíveis, pela resistência e tamanho das madeiras quando estão disponíveis, pelo calcário para fabricar cal, pelos pigmentos naturais para fazer as cores… Intervêm ainda as questões de conservação, de ventilação, de proteção contra o calor e frio… Os blocos de betão branco que surgem entre as duas guerras apenas falam do processo industrial que os gera. Aqui, não há artesanato qualificado, tradição, raízes históricas, busca de economia de energia; unicamente telhados, pavimentos, escadas, lintéis de betão armado, barras de metal e paredes cimentadas. Materiais cuja produção é acompanhada de custos energéticos e ecológicos muitas vezes consideráveis e cuja obra requer qualificações mínimas. O lado oculto da frescura.

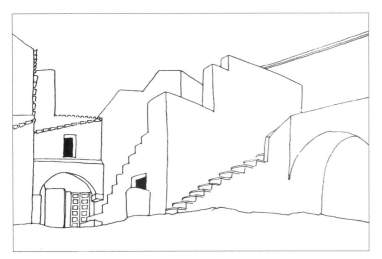

Casas em Agrigente e Erice na *arquitetura rústica da Sicília*, de Luigi Epifanio, Palermo, Palumbo, 1939.

Casas en Agrigente y Erice en la *arquitectura rústica de Sicília*, de Luigi Epifanio, Palermo, Palumbo, 1939.

Siedlung Praunheim, Frankfurt am Main. Ernest May & Eugen Kaufmann, arquitetos/arquitectos, 1926.

Poissy, en 1928, firma un inolvidable poema arquitectural, una oda a una Arcadia moderna, depurada de escorias del pasado. Y aunque el arte no tenga precio, qué importa si la frágil casa, clasificada hoy como monumento histórico, deja entrar agua por todos los lados y fuera reconstruida ya tres veces. El *fair-play* impone no cuestionar las filtraciones y el moho hasta que se planteen las condiciones de vida de familias estimables.

Los modernistas contraponen à la arquitectura decorativa las líneas simples del trasatlántico, del avión y del objeto en serie glorificado por los fotógrafos de la *Nouvelle Objectivité*. En su panteón arquitectural pontifican los pueblos arcaicos, las casas campesinas de Ibiza de origen fenicio, las *trulli* italianas, las *dammusi* de la isla de Pantelleria con sus terrazas de tejados ligeramente arqueados, la arquitectura tradicional de Magreb, los chamizos de Mali con la forma de concha… Pero la semejanza entre los cubos blancos de hormigón y el hábitat inmemorial es esencialmente visual y no excede del sencillo juego de volúmenes articulados en la luz.

Cabana construída em forma de concha entre 1996-1997 como parte de um projeto escolar organizado pelo *Património Sem Fronteiras* em Mourla (Camarões).

Chamizo construido en forma de concha entre 1996-1997 como parte de un proyecto escolar organizado por *Patrimonio Sin Fronteras* en Mourla (Camerún).

Se os arquitetos modernos são filósofos voluntários, é necessário, pois, admitir que os seus lemas e palavras de ordem são quase sempre de uma ingenuidade desconcertante. Como ouvir, sem sorrir, proclamações como *O ornamento é um crime, A Nossa época fixa diariamente o seu estilo, Os engenheiros são saudáveis e viris, ativos e úteis, morais e divertidos,* até ao eterno *É necessário ser decididamente moderno.*

Sempre que alguém me diz: é necessário ser do seu tempo, eu respondo invariavelmente à maneira do escritor Erri De Luca *e por que não de todos os tempos.* Quando um outro me diz que uma arquitetura é *decididamente contemporânea,* logo o ignoro, certamente é um campeão de lugares comuns, uma pessoa chata, primo do *tagarela que veio de Tournai* que Baudelaire já sonhava mandar empalar.

Em qualquer outra disciplina, esta avidez doentia pela verdade, esta cruzada fundamentalista contra a mentira, esta vontade de decidir sobre a vida quotidiana dos outros, seriam questionadas ou mesmo combatidas. Mas os arquitetos refugiaram-se atrás de uma muralha impenetrável: a da arte e da criação. Escaldada por ter ignorado os impressionistas, a crítica jurou nunca mais fazê-lo. Por muito medíocres ou pouco inspirados que sejam, os arquitetos escapam, agora, ao julgamento. Pouco importa se na prática, antes de pensar em arte, a maioria deles serve sem discutir a sociedade que os alimenta, que o mercado os condiciona mais do que eles o influenciam e que o poder do dinheiro se tornou cada vez mais exigente e difícil de domar.

No seu romance *O Imenso Adeus*, publicado em 1953, Raymond Chandler retrata um magnata da imprensa que, durante uma conversa com o detetive Philip Marlowe, pinta cinicamente o retrato da economia industrial do pós-guerra. *O homem foi sempre uma criatura venal; o crescimento da população, o custo exorbitante das guerras, os impostos, tudo contribui para aumentar a sua venalidade. E nestas condições, o homem mediano, pressionado pela necessidade, já não se*

Casa do arquitecto Gaston Eysselinck em Gand, 1930-1931.
Casa del arquitecto Gaston Eysselink en Gand, 1930-1931.

Las arquitecturas arcaicas están íntimamente vinculadas a las creencias, al clima, a la orientación, a la hidrografía, a las costumbres y modos de vida, a la defensa contra los insectos, animales, invasores... Sus formas resultan de un modo constructivo definido por los hábitos, por las maneras de cocinar y de calentarse, con los materiales disponibles, por la resistencia y tamaño de las maderas cuando son utilizables, por el calcáreo para fabricar cal, por los pigmentos naturales para hacer los colores... Intervienen también las cuestiones de conservación, de ventilación, de protección contra el calor y el frío... Los bloques de hormigón blanco que surgen entre las dos guerras solamente hablan del proceso industrial que los genera. Aquí no hay artesanía calificada, tradición, raíces históricas, búsqueda de ahorro de energía; solamente tejados, pavimentos, escaleras, dinteles de hormigón, barras de metal y muros cimentados. Materiales cuya producción es acompañada de costes energéticos y ecológicos muchas veces considerables y cuya obra requiere cualificaciones mínimas. El lado oculto de la frescura.

Si los arquitectos modernos son filósofos voluntarios, es necesario, pues, admitir que sus slogans y sus consignas son casi siempre de una ingenuidad desconcertante. Como escuchar, sin sonreír, propuestas como *El ornamento es un crimen, Nuestra época fija diariamente su estilo, Los ingenieros son saludables y viriles, activos y útiles, morales y divertidos,* hasta el eterno *Es necesario ser decididamente moderno.* Siempre que alguien me comenta: *es necesario ser de su tiempo,* yo contesto invariablemente a la manera del escritor Erri de Luca: *y por que no de todos los tiempos.* Cuando otra persona me comenta que una arquitectura es *decididamente contemporánea,* yo desconecto rápidamente, seguro que es un campeón de lugares comunes, una persona pesada, hermano del *parlanchín que vino de Tournai* y que Baudelaire soñaba ya mandarlo a empalar.
En cualquier otra disciplina, esta avidez enfermiza por la verdad, esta cruzada integrista contra la mentira, esta voluntad de decidir sobre la vida cotidiana de los demás, serían cuestionadas o incluso combatidas. Pero los arquitectos

Castelo de Pierrefonds/Château de Pierrefonds, Eugène Viollet-le-Duc, arquiteto/arquitecto, 1857-1879.

Pavilhão chinês e Torre japonesa em Laecken/Pabellón chino y Torre japonesa en Laecken, Bruxelas /Bruselas, Alexandre Marcel, arquiteto/arquitecto, 1901-1909.

pode dar ao luxo de ter um ideal. Constatamos no nosso tempo uma regressão escandalosa da moralidade, tanto pública como privada. A era da produção industrial mata a qualidade, senhor Marlowe. Para poder escoar esta produção, é necessário criar constantemente novas necessidades. A produção em massa não se poderá escoar no mercado a não ser que o que se venda este ano fique fora de moda no próximo. Nós temos as cozinhas mais brancas e as casas de banho mais brilhantes do mundo. Mas nessa deliciosa cozinha imaculada, a dona de casa americana é incapaz de preparar uma refeição comestível e a maravilhosa casa de banho é essencialmente um depósito de desodorizantes, laxativos, soporíferos e produtos diversos surgidos da chantagem da indústria cosmética. Fazemos as mais bonitas embalagens do mundo, senhor Marlowe, mas o seu conteúdo é apenas pura fancaria.

Reconhecer a evolução da sociedade como um facto não implica que os arquitetos consintam, aplaudam ou que se calem. Espera-se deles, ou pelo menos de uma parte deles, que trabalhem para infletir e limitar os excessos. No século XIX, ainda que a sua margem de manobra fosse estreita perante a indústria triunfante e uma sociedade de novos-ricos, os artistas e os arquitetos resistiam. Rebeldes impenitentes, de mau génio, não-alinhados, sonhadores... como se quiser. William Morris, *designer*, escritor, socialista de combate, pai do National Trust; John Ruskin, adversário da divisão do trabalho, aniquilador do classicismo internacional; August Pugin, campeão do *ghotic revival*; Charles Voysey, para quem nada é tão pequeno que não mereça a atenção do arquiteto. A Idade Média tem tão poucos segredos para Viollet-le-Duc que ele pôde empreender, a partir de 1857, a reconstrução do Château de Pierrefonds enquanto o seu amigo Prosper Mérimée não para de barafustar contra uma França que deixa os seus monumentos ir por água abaixo. Alexandre Marcel e Ernest Jaspar impõem-se como orientalistas com o jardim japonês de Maulévrier, com a Torre japonesa em Laecken, com a construção de Heliópolis... Para uma América sem memórias, Henri Hobson Richardson inventa o género romanesco, enquanto a jovem Julia

Casa de banho e cozinha, anúncio publicado pela empresa Carrara Structural Glass em *The Architectural Forum*, Nova Iorque, setembro de 1933.

Cuarto de baño y cocina, anuncio publicado por la empresa Carrara Structural Glass en *The Architectural Forum*, Nueva York, septiembre, 1933.

Casa Hindu, propriedade de E. Empain em Heliópolis//Casa Hindú, propiedad de E. Empain en Heliópolis, Egipto, Alexandre Marcel, arquiteto/arquitecto, 1907-1910.

se refugiaran por detrás de una impenetrable muralla: la del arte y la creación. Escarmentada por haber ignorado a los impresionistas, la crítica juró nunca más hacerlo. Por muy mediocres o poco inspirados que estén, los arquitectos escapan ahora del juicio. Poco importa si en la práctica, antes de pensar en arte, la mayoría de ellos sirve, sin discusión, a la sociedad que les alimenta, al mercado que les condiciona más que ellos lo influencian y al poder del dinero que se volvió cada vez más exigente y difícil de domar.

En su novela *El Largo Adiós*, publicada en 1953, Raymond Chandler retrata a un magnate de la prensa que, durante una conversación con el detective Philip Marlowe, esboza cínicamente el retrato de la economía industrial de posguerra. *El hombre siempre ha sido un animal venal. El crecimiento de las poblaciones, el enorme coste de las guerras, la presión incesante de los impuestos fiscales, todas estas cosas lo hacen más y más venal. El hombre medio está cansado y asustado, y un hombre cansado y asustado no puede permitirse tener ideales. En nuestra época hemos presenciado una declinación tremenda en la moral pública y privada. No se puede esperar calidad de la gente cuya vida está sujeta a una falta de calidad, señor Marlowe. No se puede tener calidad con una producción en masa. No se quiere la calidad porque dura demasiado. De modo que se la sustituye por la moda, que no es más que una estafa comercial destinada a hacer que las cosas caigan en desuso. La producción en masa no podría vender sus mercaderías el año próximo a menos que haga que lo que vendió este año parezca anticuado de aquí a un año. Tenemos las cocinas más blancas y los baños más relucientes del mundo. Pero en su encantadora cocina blanca, el ama de casa media americana no es capaz de preparar una comida que valga la pena, y los hermosos cuartos de baño relucientes no son más que un receptáculo de desodorantes, laxantes, pastillas para dormir y productos de esa mistificación secreta que se conoce con el nombre de industria de los cosméticos. Preparamos los paquetes más lindos del mundo, señor Marlowe. Pero lo que hay adentro es en su mayoría basura.*

Morgan, a primeira mulher a ser admitida na Escola de Belas-Artes de Paris, ignora ainda que seria a escolhida para construir o palácio de William Randolph Hearst, conhecido por *Citizen Kane*. Alfonso Rubbiani embeleza Bolonha com os seus arcos em tijolo, Alfredo D'Andrade, que restaura os castelos do vale de Aosta, constrói em 1884 o exemplar Borgo Mediovale de Turim, Edwin Lutyens e Gertrude Jekyll associam-se para desenhar em 1897 o Bois des Moutiers em Varengeville-sur-Mer, Pontremoli lança as bases, em 1902, da casa grega Kerylos em Beaulieu-sur-Mer… Todos eles ilustram à sua maneira a diferença que existe entre o labor industrial que aniquila o indivíduo e o trabalho artesanal que o enriquece.

É a partir das suas pesquisas e dos seus trabalhos que, por volta de 1900, outros asseguram a nova geração, Henry van de Velde, Eliel Saarinen, Otto Wagner, Frank Lloyd Wright, Hermann Muthesius, Michel de Klerck, Raymond Erith,

Burgo medieval no parque de Valentino, em Turim/Palacio medieval en el parque de Valentino, en Turín.

Reconocer la evolución de la sociedad como un hecho no implica que los arquitectos consientan, aplaudan o que se callen. Lo que se espera de ellos, o por lo menos de una parte de ellos, es que trabajen para cambiar de dirección y limitar los excesos. En el siglo XIX, aunque su margen de maniobra fuera ajustada ante la industria triunfante y una sociedad de nuevos ricos, los artistas y los arquitectos resistían. Rebeldes impenitentes, de mal genio, no alineados, soñadores… como sea. William Morris, diseñador, escritor, socialista de combate, padre del National Trust; John Ruskin, adversario de la división del trabajo, aniquilador del clasicismo internacional; August Pugin, campeón del *Gótico Revival*; Charles Voysey para quién nada es tan pequeño que no merezca la atención del arquitecto. La Edad Media tiene tan pocos secretos para Viollet-le-Duc que él pudo emprender, a partir de 1857, la reconstrucción del Château de Pierrefonds mientras su amigo Prosper Mérimé no deja de protestar contra una Francia que deja que sus monumentos se vayan agua abajo. Alexandre Marcel y Ernest Jaspar

Messrs. A. Sanderson & Sons New Factory at Chiswick. C.F.A. Voysey, Architect, London.

Fábrica de papel de parede Sanderson and Sons/Fábrica de papeles de pared Sanderson and Sons, Chiswick, Charles F. A., arquiteto/arquitecto, 1902.

Bois de Moutiers, Varengeville-sur-Mer, França/Francia, Edwin Lutyens, arquiteto/arquitecto, Gertrude Jekyll, paisagista/paisajista, 1898.

se imponen como orientalistas con el jardín japonés de Maulévrier, con la Torre japonesa de Heliópolis… Para una América sin memorias, Henri Hobson Richardson inventa el género romanesco mientras la joven Julia Morgan, la primera mujer en ser aceptada en la Escuela de Bellas Artes de Paris, desconoce aun que seria la elegida para construir el palacio de William Randolph Hearst, conocido como *Citizen Kane*. Alfonso Rubbiani va a embellecer Bolonia con sus arcos de ladrillo, Alfredo D'Andrade, que restaura castillos del valle de Aosta,

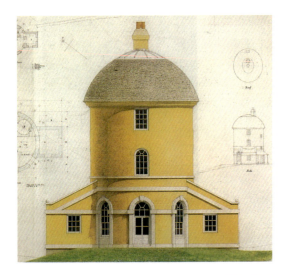

The Folly Gatley Park, Inglaterra, Raymond Erith, arquiteto/arquitecto, 1959.

Greene and Greene… e dão início a escolas e movimentos: Arts and Crafts, l'Art dans Tout, l'Art dans la Rue, Escola de Amesterdão, a Sécession, Werkbund, Bauhaus… Tantas outras iniciativas que demonstram que não há uma fatalidade da fealdade e da desordem da construção.

O século XIX, com o seu excesso de fantasias ecléticas e historicistas, deu o flanco para que a crítica o flagelasse, mas não pôs em causa a cidade como um lugar para viver. Reconstruiu, intramuros, parte das suas capitais, construiu extensões e novos bairros nos subúrbios. Nascia a Paris de Haussmann com os seus distritos, bairros, ilhotas, com os seus parques e jardins, praças e adros, como a Barcelona de Cedra, a Roma de Coppedé, a Atenas de Caftanzoglou, a Palermo moderna de Giovanni Battista Basile, já para não falar de quase todas as grandes cidades europeias. A subtileza nem sempre é a primeira qualidade e os loteamentos eram muitas vezes desenhados a régua e esquadro por agrimensores sem espírito. O austríaco Camillo Sitte reclama, em 1889, durante a construção do Ring de Viena, que se abandone o urbanismo ortogonal, simétrico, que vai contra todas as regras estéticas. As ideias que ele desenvolveu no seu livro *Art de bâtir les villes* eram acompanhadas por plantas e vistas de antigas praças de Itália e do Norte da Europa. Além das críticas justificadas, o maior trabalho de planeamento e extensão das cidades jamais realizado à escala europeia continua a ser no seu conjunto um sucesso. Embora as capitais estejam mais bem servidas do que as aglomerações industriais que continuam a sua expansão tentacular numa desordem absurda, tanto na Valónia como no Norte de França, Inglaterra ou no Ruhr.

Hearst Castle, San Simon, A Casa Grande/La Casa Grande, Califórnia/California, Julia Morgan, arquiteto/arquitecto, 1919-1925.

Casa de campo, Gesellius, Lindgren, Saarinen, arquitetos/arquitectos, 1902.

construye en 1884 el ejemplar Borgo Medievale de Turín, Edwin Lutyens y Gertrude Jekyll se asocian para diseñar en 1897 el Bois des Moutiers en Varengeville-sur-Mer, Pontremoli lanza las bases, en 1902, de la casa griega de Kerylos en Beaulieu-sur-Mer... Todos ellos ilustran a su manera la diferencia que existe entre la labor industrial que aniquila al individuo y el trabajo artesanal que lo enriquece.

Es a partir de sus investigaciones y de sus trabajos que, alrededor de 1900, otros aseguran la nueva generación, Henry van de Velde, Eliel Saarinen, Otto Wagner, Frank Lloyd Wright, Hermann Muthseius, Michel de Klerk, Raymond Erith, Green and Green... y dan inicio a escuelas y movimientos: Arts and Crafts, l'Art dans Tout, l'Art dans la Rue, Escuela de Ámsterdam, a Sécession, Werkbund, Bauhaus... Muchas otras iniciativas que manifiestan que no hay una fatalidad de la fealdad y del desorden de la construcción.

El siglo XIX, con su exceso de fantasías eclécticas e historicistas, dio el flanco para que la critica lo flagelase, aunque no se plnateó la ciudad como un lugar para vivir. Reconstruyó, intramuros, parte de sus capitales, construyó extensiones y nuevos barrios en las periferias. Nacía el París de Haussmann con sus comarcas, barrios, islotes, con sus parques y jardines, plazas y atrios, como la Barcelona de Cedra, la Roma de Coppedé, la Atenas de Caftanzoglou, el Palermo moderno de Giovanni Battista Basile, ya por no hablar de casi la totalidad de las grandes ciudades europeas. La sutileza no siempre es la primera calidad y las parcelaciones fueron muchas veces dibujadas con una regla por agrimensores sin espirito. El austriaco Camillo Sitte reclama, en 1889, durante la construcción del Ring de Viena, que se abandone el urbanismo ortogonal, simétrico, que va contra todas las reglas estéticas. Las ideas que él desarrolló en su libro *Art de bâtir les villes*, fueron acompañadas por plantas y vistas de antiguas plazas de Italia y del norte de Europa. Además de las críticas justificadas, el gran trabajo de planeamiento y extensión de las ciudades jamás hecho a la escala europea continúa siendo en su

Câmaras Municipais em Lozère e num burgo alsaciano.
Ilustrações de Charles Letrosne para o seu livro
Murs et toits pour les pays de chez nous, tomo I, 1923.

Ayuntamientos en Lozère u en un pueblo alsaciano.
Ilustraciones de Charles Letrosne para su libro
Murs et toits pour les pays de chez nous, Tomo I, 1923.

Os faróis de Saint-Jean-de-Luz/Los faros de Saint-Jean-de-Luz, André Pavlovsky, arquiteto/arquitecto, 1936.

A IDADE DE OURO

Após a Grande Guerra, os arquitetos veem abrir-se a possibilidade de reconstrução das regiões devastadas, o automóvel favorece o desenvolvimento de estações balneares e de montanha, o urbanismo surge com os seus planos de extensão. Será, então, necessário optar por um estilo funcional único ou por uma abordagem que tenha em conta as especificidades locais e regionais?

Em França, Charles Letrosne apoia os seus colegas ao publicar em três volumes, entre 1923 e 1926, *Murs et toits pour les pays de chez nous*, a bíblia do regionalismo. Um conjunto de gravuras comentadas que dão exemplos de construções adaptadas a todas as regiões e que cobrem um leque que vai desde casas de trabalhadores até aeródromos, passando pelas câmaras municipais, hospitais, hotéis, esquadras de polícia...

Surgem autênticas obras-primas neo-regionalistas. E só para citar apenas algumas: em Touquet, o mercado coberto (Henry-Léon Bloch, arquiteto, 1927) e o hotel Royal Picardie (Louis Debrouwer e Pierre Drobecq, arquitetos, 1927); em Trouville, o novo mercado do peixe (Maurice Vincent, arquiteto, 1936); em Saint-Jean-de-Luz, os faróis do porto, que se tornaram imediatamente num ícone da cidade (André Pavlovsky, arquiteto, 1936) em Paris, a grande mesquita (Fournez e Mantout, arquitetos, 1926), o Instituto de Arte e Arqueologia (Alain Bigot, arquiteto, 1931) ...

Antes da Grande Guerra, de maneira a consolidar a República, a construção dos postes, para o telefone e telégrafo, das escolas e das antigas gares era feita segundo um mesmo modelo. Por ter pago durante quatro anos o seu tributo em sangue e lágrimas, as regiões pedem ao Estado que os novos edifícios públicos exprimam doravante a dimensão de portas turísticas da Bretanha, Alsácia, Midi, Aquitânia, Normandia... A nova gare de Deauville-Trouville (Jean Philippot, arquiteto, 1930) continua a ser o mais belo exemplo do neo-regionalismo oficial. Um casamento bem-sucedido entre o estilo neonormando, reduzido aos seus

Mercado coberto de Touquet/Mercado cubierto de Touquet, Henri-Léon Bloch, arquiteto/arquitecto, 1927.

O novo mercado d epeixe de Trouville/ El nuevo mercado de pescado de Trouville, Maurice Vincent, arquiteto/arquitecto, 1935.

Estação de caminho de ferro de Trouville-Deuaville/Estación de tren de Trouville-Deauville, Jean Philippot, arquiteto/arquitecto, 1930.

conjunto un éxito. Aunque las capitales estén mejor servidas que las aglomeraciones industriales, que continúan su expansión tentacular en un desorden absurdo, tanto en Valonia como en el Norte de Francia, en Inglaterra o como en el Ruhr.

LA EDAD DE ORO

Después de la Primera Guerra Mundial, se abre para los arquitectos la posibilidad de reconstrucción de todas las áreas devastadas, el coche favoreció el desarrollo de las estaciones balnearias y de montaña, el urbanismo surge con sus proyectos de extensión. ¿Será entonces necesario optar por un estilo funcional único o por un acercamiento que lleve en cuenta las especificidades locales y regionales? En Francia, Charles Letrosne, apoya a sus compañeros cuando publica en tres volúmenes, entre 1923 y 1926, *Murs et toits pour les pays de chez nous*, la biblia del regionalismo. Un conjunto de grabados comentados que dan ejemplos de construcciones adaptadas a todas las regiones y que cubren un abanico que va desde casas de trabajadores hasta aeródromos, pasando por ayuntamientos, hospitales, hoteles, comisarias…

Nacen auténticas obras maestras neo-regionalistas. Solamente para citar algunas de ellas: en Touquet, el mercado cubierto (Henry-Léon Bloch, arquitecto, 1927) y el hotel Royal Picardie (Louis Debrouver y Pierre Drobecq, arquitectos, 1927); en Trouville, el nuevo mercado del pescado (Maurice Vincent, arquitecto, 1936); en Saint-Jean-de-Luz, los faros del puerto que se convertirán de inmediato en los iconos de la ciudad (André Pavlovsky, arquitecto 1936); en París, la gran mezquita (Fournez y Mantout, arquitectos, 1926); el Instituto de Arte y Arqueología (Alain Bigot, arquitecto, 1931)…

Antes de la Primera Guerra Mundial, a fin de consolidar la República, la construcción de postes para el teléfono y telégrafo, de escuelas y de las antiguas estaciones de ferrocarril fue hecha segun un mismo modelo. Al haber pagado

Instituto de Arte e de Arqueologia, Paris/Instituto de Arte e Arqueologia, París, Alain Bigot, arquiteto/arquitecto, 1931.

Projeto para o Casino de Saint-Jean-de-Luz/ Proyecto para el Casino de Saint-Jean-de-Luz, William Marcel, arquiteto/arquitecto, 1923-1927.

Casa em Saint-Jean-de-Luz/Casa en Saint-Jean-de-Luz, André Pavlovsky, arquiteto/arquitecto, 1929.

elementos essenciais (as massas, os alpendres, a geometria simplificada dos tabiques de madeira) e o modernismo dos pilares cilíndricos e das sacadas impressionantes. Os líderes afirmam-se: Léandre Vaillat na Saboia, René Darde na Provença ou ainda Henri Godbarge no País Basco. Para este, o regionalismo, uma vez localizadas e analisadas as suas fontes e influências, deve evoluir. Autor de um verdadeiro tratado que confirma a sua dimensão como um dos líderes, *Arts basques anciens et modernes*, Godbarge faz a apologia da «maquilhagem arquitetónica» e aceita o falso tabique de madeira em cimento pintado porque é mais importante satisfazer os olhos do que o espírito, *que é muito propenso aos rigorosos raciocínios abstratos*. O seu colega, o talentoso William Marcel, não hesita em olhar para os estados americanos soalheiros, que inventaram um estilo neomediterrâneo e que reúne e justapõe elementos pitorescos tomados de Itália, Espanha, Sul de França, Marrocos… André Pavlovsky, que admira Le Corbusier, explora uma via original ao quebrar o plano retangular e ao amplificar desmesuradamente os detalhes arquitetónicos da casa basca tradicional.

durante cuatro años su tributo con sangre y lágrimas, las regiones piden al Estado que los nuevos edificios públicos expresen de ahora en adelante la dimensión de puertas turísticas de Bretaña, Alsacia, Midi, Aquitania, Normandía… La nueva estación de ferrocarril de Deauville-Trouville (Jean Philippot, arquitecto, 1930) continúa siendo el más bello ejemplo de neo-regionalismo oficial. Un matrimonio exitoso entre el estilo neo-normando, reducido a sus elementos esenciales (las masas, los porches, la geometría simplificada de los tabiques de madera) y el modernismo de los pilares cilíndricos y de sus impresionantes balcones. Los líderes se afirman: Léandre Vaillat en Savoie, René Darde en Provence, o incluso Henri Godbarge en el País Vasco. Para este arquitecto, el regionalismo, una vez localizadas y analizadas sus fuentes e influencias, debe evolucionar. Autor de un verdadero tratado que confirma su grandeza como uno de los líderes, *Arts basques et modernes,* Godbarge hace la apología del «maquillaje arquitectural» y acepta el falso tabique de madera en cemento pintado porque *es más importante satisfacer los ojos que el espíritu, que es muy propenso a los rigurosos raciocinios abstractos.* Su compañero, el talentoso William Marcel, no duda en mirar para

O Pavilhão de Saboia na Exposição de Paris de 1937, Selo editado a partir de um desenho do arquitecto Henri-Jacques Le Même. El Pabellón de Savoie en la Exposición de París de 1937. Sello editado a partir de un dibujo del arquitecto Henri-Jacques Le Même.

Praça de Espanha em Sevilha/Plaza de España en Sevilla, Annbal González y Ossorio, arquiteto/arquitecto, 1914-1928.

O Parque Maria Luísa em Sevilha/Parque María Luisa en Sevilla, Jean-Claude Nicolas Forestier, arquiteto-paisagista/ /arquitecto-paisajista, 1911-1928.

Assim, entre 1920 e 1940, França, ainda pouco industrializada, vai conhecer uma idade de ouro do regionalismo que culmina com a realização do Centro Regional na exposição internacional de Paris de 1937.

Em 1930, Espanha celebra, com a Exposição ibero-americana, as suas novas relações com as antigas colónias. Oferece no conjunto do regionalismo europeu três grandes obras: a Praça de Espanha em Sevilha (Annibal González y Ossorio, arquiteto, 1914-1928), o Pueblo espanhol de Barcelona (Ramon Reventos e Francesc Folguera, arquitetos, Xavier Nogués, pintor, 1929) e o conjunto residencial de S'Agaro (Rafael Maso, arquiteto, 1924). Alguns anos mais tarde, o país reconstrói as suas aldeias devastadas pela Guerra Civil. Brunete, Villanueva del Pardillo, Montarron… tantas outras realizações, como o mercado municipal de Santiago de Compostela, construído em 1942 pelo pintor e arquiteto Joaquín Vaquero Palacios, marcadas pela justa medida entre urbanismo racional, tradição e pitoresco. Mas estas realizações admiráveis vão ser indevidamente descartadas juntamente com o lixo do regime franquista, como o serão também em França com o regime de Vichy. Um bom exemplo do provérbio popular que diz que *Quem quer afogar o seu cão diz que ele tem raiva* e, no mesmo sentido, porque não condenar as realizações nazis como as autoestradas, a Volkswagen e os foguetões de Werner von Braun?

Com Le Logis e Floréal, a Bélgica constrói duas cidades-jardim que figuram hoje nos circuitos turísticos da capital. A sua conceção tira simultaneamente partido dos traçados da arquitetura rural feita durante a guerra e dos exemplos ingleses e holandeses estudados pelos arquitetos belgas no exílio. Antoine Pompe e Fernand Bodson, dois veteranos, empreendem uma campanha quase solitária contra o funcionalismo, defendendo com os seus escritos e as suas obras uma «arquitetura do sentimento e da razão» onde o espírito da geometria substitui o ornamento.

O Pueblo espanhol na Exposição Ibero-Americana de Barcelona em 1929/El Pueblo español en la Exposición Ibero-Americana de Barcelona en 1929, Ramón Reventos & Francesc Folguera, arquitetos/arquitectos, Xavier Nogués, pintor, 1929.

A rua da Andaluzia no Pueblo espanhol/La calle de Andalucía en el Pueblo español.

S'Agaro, cidade-jardim na costa catalá a cem quilómetros de Barcelona/S'Agaro, ciudad-jardín en la costa catalana a cien quilómetros de Barcelona, Rafael Maso, arquiteto/arquitecto, 1916-1966.

el Sol de los Estados americanos, donde inventaron un estilo neo-mediterráneo que reúne y yuxtapone elementos pintorescos tomados de Italia, España, Sur de Francia, Marruecos… André Pavlovsky, que admira a Le Corbusier, explora una vía original al quebrar el plano rectangular y al amplificar desmesuradamente los detalles arquitectónicos de la casa vasca tradicional.

Así, entre 1920 y 1940, Francia, aún poco industrializada, conoce una edad de oro del regionalismo que culmina con la realización del Centro Regional en la exposición internacional de París de 1937.

En 1930, España celebra, con la Exposición ibero-americana, sus nuevas relaciones con sus antiguas colonias. Ofrece en el conjunto del regionalismo europeo tres grandes obras: la Plaza de España en Sevilla (Annibal González y Ossorio, arquitecto, 1924-1928), el Pueblo español de Barcelona (Ramón Reventos y Francesc Folguera, arquitectos, Xavier Nogués, pintor, 1929) y el conjunto residencial de S'Agaro (Rafael Maso, arquitecto, 1924). Algunos años más tarde, el país reconstruye sus pueblos devastados por la Guerra Civil. Brunete, Villanueva del Pardillo, Montarron… y muchas otras realizaciones como el mercado municipal de Santiago de Compostela, construido en 1942 por el pintor y arquitecto Joaquín Vaquero Palacios, marcadas por la justa medida entre urbanismo racional, tradición y pintoresco. Pero estas admirables realizaciones van a ser indebidamente lanzadas a la basura con la basura del régimen franquista, como lo será más tarde en Francia con el régimen de Vichy. Un buen ejemplo del refrán popular que dice que *Quien quiere ahogar su perro dice que tiene rabia* y, en el mismo sentido, ¿por qué no condenar las realizaciones nazis como las autopistas, la Volkswagen y los cohetes de Werner von Braun?

Con Le Logis y Floréal, Bélgica construye dos ciudades-jardín que figuran hoy en los circuitos turísticos de la capital. Su concepción saca simultáneamente partido de los trazados de la arquitectura rural realizada durante la guerra y de los

Central eléctrica de Riva del Garda/ Central eléctrica de Riva del Garda, Giancarlo Maroni, arquiteto/arquitecto, 1925-1929.

Logo que a Itália regressou à autarcia construiu as cidades-jardim de Garbatella, Monte-Sacro, d'Aniene, que são uma reminiscência das cenografias de *Quo Vadis* de Henryk Sienkiewicz. D'Annunzio confia ao arquiteto Giancarlo Maroni o planeamento da sua propriedade do lago Garda. A *Vittoriale*, um hino romântico arquitetónico e paisagístico que associa italianismo e espírito guerreiro. O mesmo Maroni reconstrói Riva del Garda, muito danificada durante a Grande Guerra, e executa, à entrada da cidade, aquela que é a mais elegante central elétrica jamais construída.

Sir Glough William-Ellis, herói de 1914-1918 e adversário feroz da motorização que devasta a Inglaterra, inicia em 1925, no País de Gales, a construção da aldeia de Portmerion que o grande público descobrirá com a série televisiva *The Prisoner*.

Na Alemanha, Heinrich Tessenow, afetado pelo caos da Grande Guerra, vê na pequena cidade e na cidade-jardim o único meio de recrear uma coesão social. Ilustra o seu pensamento através de projetos e realizações onde as habitações de carácter vernacular estão lado a lado com edifícios públicos ao estilo grego monumental. O seu colega, Karl Gruber, em *Die Gestalt Der Deutschen Stadts* (*Forma e Carácter da Cidade Alemã*) faz uma reflexão, ilustrada com desenhos precisos, sobre o destino da cidade europeia a partir da cidade grega.

O sueco Gunnar Asplund, antes de optar pelo funcionalismo, adapta as suas construções ao espírito do lugar. Edifica a Capela da Floresta no cemitério sul de Estocolmo (1918) com a forma de um abrigo florestal seguro, enquanto para a biblioteca municipal (1920-1928) concebe um cubo de onde se eleva um cilindro, celebrando desta maneira o encontro monumental entre Roma e o Egito.

Casa em Bruxelas/Casa en Bruselas, Antoine Pompe, arquiteto/arquitecto, 1926.

Il Vittoriale degli Italiani, propriedade de Gabriel D'Annunzio no lago Garda, projetado pelo arquiteto Giancarlo Maroni a partir de 1921.
Il Vittorialle degli Italiani, propiedad de Gabriel D'Annunzio en el lago de Grade, proyectado por el arquitecto Giancarlo Maroni a partir de 1921.

O navio de guerra «Puglia» oferecido pela marinha italiana ao poeta, desmontado e reconstruído na propriedade.
El buque de guerra «Puglia» ofrecido por la marina italiana al poeta, desmontado y reconstruido en su propiedad.

ejemplos ingleses y holandeses estudiados por los arquitectos belgas en el exilio. Antoine Pompe y Fernand Bodson, dos veteranos, emprenden una campaña casi solitaria contra el funcionalismo, defendiendo con sus escritos y sus obras una «arquitectura del sentimiento y de la razón» donde el espíritu de la geometría sustituye el ornamento.

Una vez que Italia regresó a la autosuficiencia construyó las ciudades-jardín de Garbatella, Monte-Sacro, d'Aniene, que son una reminiscencia de las escenografías de *Quo Vadis* de Henryk Sienkiewicz. D'Annunzio confía al arquitecto Giancarlo Maroni el planeamiento de su propiedad del lago de Garde. A *Vittoriale*, un himno romántico arquitectural y paisajístico que asocia italianismo y espíritu guerrero. El mismo Maroni reconstruye Riva del Garda, fuertemente damnificada durante la Primera Guerra Mundial y executa, a la entrada de la ciudad, la que es la más elegante central eléctrica jamás construida.

Sir Glough William-Ellis, héroe de 1914-1918 y feroz adversario de la motorización que devasta Inglaterra, inicia en 1925, en País de Gales, la construcción del pueblo de Portmerion, que el gran público va a descubrir con la serie de televisión *The Prisoner*.

En Alemania, Heinrich Tessenow, afectado por el caos de la Primera Guerra Mundial, percibe en la pequeña ciudad y en la ciudad-jardín el único medio de recrear una cohesión social. Ilustra su pensamiento a través de proyectos y realizaciones donde las habitaciones con carácter vernáculo están lado a lado con edificios públicos al estilo griego monumental. Su compañero, Karl Gruber, en *Die Gestalt Der Deutschen Stads* (Forma y carácter de la ciudad alemana) realiza una reflexión, ilustrada con preciosos dibujos, sobre el destino de la ciudad europea a partir de la ciudad griega.

Mas com o aumento dos nacionalismos e das ideologias, a arquitetura faz ressoar, por seu lado, palavras de ordem e a disciplina de grupo induz comportamentos e reflexos coletivos. Os arquitetos modernistas autoproclamam-se educadores de massas e têm por objetivo mudar a vida, cambiando a arquitetura. Desta conceção romântica vão surgir generosas, grandes e ingénuas utopias arquiteturais, projetos de cidades futuristas que, apesar de não terem seguimento, servirão, após a guerra, de guarda-vento aos eternos seguidores para abrigar a sua mediocridade.

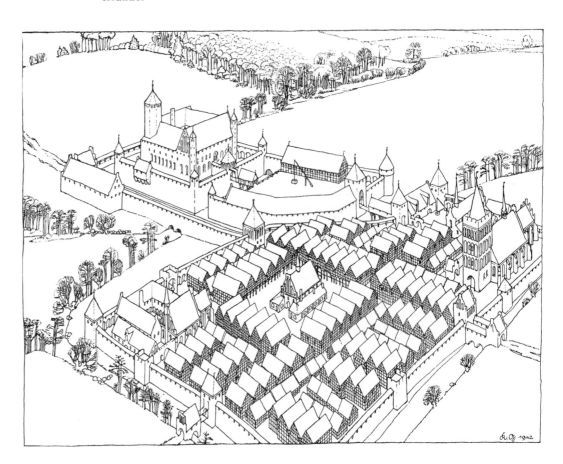

Visão ideal de uma cidade da ordem teutónica/Visión global de una ciudad del orden teutónico, Karl Gruber, arquiteto/arquitecto, 1942.

El sueco Gunnar Asplund, antes de optar por el funcionalismo, adapta sus construcciones al espíritu del lugar. Construye la Capilla del Bosque en el cementerio sur de Estocolmo (1918) con la forma de una cabaña forestal, mientras que para la biblioteca municipal (1920-1928) concibe un cubo donde se eleva un cilindro, celebrando de esta manera el encuentro monumental entre Roma y Egipto.

Pero con la expansión de los nacionalismos y de las ideologías, la arquitectura hace resonar, a su vez, consignas, y la disciplina de grupo induce comportamien-

Projecto para o Instituto Dalcroze em Dresden/Proyecto para el Instituto Dalcroze en Dresde, Heinrich Tessenow, arquiteto/arquitecto, 1910.

Projeto para o centro histórico de Bruxelas/Proyecto para el centro histórico de Bruselas, Sta Jasinski, arquiteto/arquitecto, 1929-1930.

Carril de uma grua num estaleiro na década de 60, quando o funcionalismo põe a tecnologia antes da cidade. Camino de grúa en un astillero en la década de 1960, cuando el funcionalismo pone la tecnología antes de la ciudad.

«A GUERRA É A ÚNICA HIGIENE DO MUNDO»

Marinetti, *Manifesto Futurista*

Depois da Segunda Guerra Mundial, é necessário reconstruir a Europa. Às formidáveis estruturas de produção do tempo de guerra, que asseguram a supremacia mundial da América do Norte, sucedem as de tempo de paz. Os fabricantes de armas reconvertem-se ao negócio dos automóveis. Os formidáveis Sherman M4 cedem a posição aos Kayzer *coupé Sedan* e aos Frazer *DeLuxe.* As infra-estruturas da Europa exigem capitais concentrados e máquinas enormes para construir estradas, escavar túneis, construir pontes. As certezas dos engenheiros, arquitetos, técnicos, políticos, varrem eventuais grunhidos de uma burguesia empobrecida pela guerra e diabolizada pela esquerda.

Pela primeira vez na história da arquitetura e do urbanismo, passa-se brutalmente do qualitativo ao quantitativo. Houve, é certo, ao longo do tempo, grandes trabalhos que criaram emprego e, acessoriamente, paz social, das pirâmides às minas, das fortificações aos grandes *boulevards*, da exploração florestal à construção de canais e drenagem de pântanos. E o barão Haussmann! Não foi ele que remodelou Paris de uma ponta a outra…?

Nunca, no entanto, uma tal escala fora alcançada. A quantidade de edifícios construídos nos séculos XIV e XV, a idade de ouro da expansão urbana, nem sequer representa 1% do que será construído em trinta anos, de 1950 a 1980.

Se examinarmos a produção dos arquitetos da primeira metade do século XX, constata-se forçosamente que ela é maioritariamente qualitativa. E foi precisamente porque estes arquitetos conheciam o seu ofício e eram cultos que não eram adequados para a reconstrução de uma Europa devastada. Era necessário, agora, técnicos sem escrúpulos, de preferência obedientes, incultos ou cínicos, que aceitassem construir blocos de habitação e arranha-céus, monofuncionais, e que vissem na destruição das cidades tradicionais uma obra de saúde pública.

tos y reflejos colectivos. Los arquitectos modernistas se autoproclaman educadores de masas y tienen como objetivo cambiar la vida, cambiando la arquitectura. A partir de esta concepción romántica van a surgir generosas, grandes e ingenuas utopías arquitecturales, proyectos de ciudades futuristas que, a pesar de no tener seguimiento, servirán, después de la guerra, de antepuerta a los eternos seguidores para cobijar su mediocridad.

«LA GUERRA ES LA ÚNICA HIGIENE DEL MUNDO»

Marinetti, *Manifiesto Futurista*

Después de la Segunda Guerra Mundial, es necesario reconstruir Europa. A las formidables estructuras de producción del tiempo de guerra que aseguran la supremacía mundial de América del Norte suceden otras de tiempo de paz. Los fabricantes de armas se reconvierten al negocio de los automóviles. Los formidables Sherman M4 ceden la posición a los Kayzer cupé *Sedan* y a los Frazer *DeLuxe*. Las infraestructuras de Europa exigen capitales concentrados y máquinas enormes para construir carreteras, excavar túneles, construir puentes. Las certezas de los ingenieros, arquitectos, técnicos, políticos, barren eventuales gruñidos de una burguesía empobrecida por la guerra y demonizada por las izquierdas. Por vez primera en la historia de la arquitectura y del urbanismo, se pasa brutalmente de lo cualitativo a lo cuantitativo. Hubo, evidentemente, a lo largo de los tiempos, grandes trabajos que crearon empleo, y accesoriamente, paz social, de las pirámides a las minas, de las fortificaciones a los grandes *boulevards*, de la exploración forestal a la construcción de canales y drenaje de pantanos. ¡Y el barón Haussmann! ¿No fue él quién remodeló París de una punta a otra...? Nunca, sin embargo, tal escala fue alcanzada. La cantidad de edificios construidos en los siglos xiv y xv, la edad de oro de la expansión urbana apenas representa 1% de lo que será construido en treinta años, de 1950 a 1980.

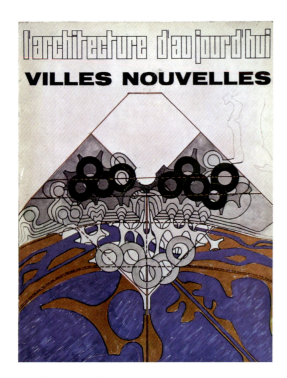

Capa da revista L'Architecture d'aujourdhui, outubro de 1969.
Número consagrado às novas cidades que de cidade só têm o nome e que assentam no esbanjamento do território e da energia.
Portada de la revista L'Architecture d'aujourdhui, octubre de 1969.
Número dedicado a las nuevas ciudades pero que de ciudad solamente tienen el nombre y que cuadran en desperdicio del territorio y de la energía.

A necessidade de construir depressa para as massas inadequadamente alojadas e assegurar equipamentos públicos justificava todos os crimes e todos os erros. Neste ponto, pelo menos, a esquerda e a direita concordam.

A nova religião da modernidade, com os seus ritos, com as suas adorações e excomunhões, exige a utilização de formas e materiais absolutamente inéditos, por outras palavras, a arquitetura torna-se inteiramente subserviente à produção industrial. Em breve, os empreiteiros de paredes-cortina passarão a desenhar as fachadas em vez dos arquitetos. Ao utilizar a teoria da deriva imaginada pelos situacionistas na década de 50, Michel Houellebecq, em *Rester vivant*, publicado em 1997, define a arquitetura contemporânea *como um imenso dispositivo de aceleração e de racionalização de deslocação humana*. O programa de arquitetura contemporânea resume-se, então, à *construção de prateleiras de hipermercado social*. O que implica, por um lado, *uma total fidelidade à estética do cacifo e, por outro, privilegiar o emprego de materiais de granulometria fraca ou nula (metal, vidro, materiais plásticos)*. Para o escritor, *as técnicas de aprendizagem da mudança popularizadas pelos ateliers* New Age *têm por objetivo criar indivíduos indefinidamente mutáveis, libertos de qualquer rigidez intelectual ou emocional. Liberto dos entraves que constituíam a pertença, a fidelidade, os códigos de comportamento rígidos, o indivíduo moderno está, assim, pronto a tomar o seu lugar num sistema de transações generalizadas, no seio do qual se tornou possível atribuir-se-lhe, de maneira unívoca e não ambígua, um valor de troca*.

Para obter a submissão de uma profissão, fazer com que aceite a sua própria mediocridade no quotidiano, é necessário destruir os fundamentos e a memória através do controlo do ensino. Não há uma grande conspiração, mas sim, o que é pior, um consentimento geral. Em Maio de 68, a hierarquia das grandes agências abana um pouco, mas apenas amplifica o movimento. O pensamento torna-se rural, atraído pelas cabanas simpáticas dos *hippies* californianos, ou vira-se para as utopias tecnológicas do talentoso grupo Archigram e para os seus projetos

Zona administrativa do Estado em Bruxelas, 1955-1983.
Um coletivo de arquitetos assina a autoria deste conjunto representativo da «estética do cacifo».
Zona administrativa del Estado de Bruselas, 1955-1983.
Un colectivo de arquitectos firma la autoría de este conjunto representativa de la «estética del casillero».

Si examinamos la producción de los arquitectos de la primera mitad del siglo XX, constatamos precisamente que ella es mayoritariamente cualitativa. Y fue precisamente porque estos arquitectos conocían su oficio y eran cultos que no fueron adecuados para la reconstrucción de una Europa devastada. Era necesario, ahora, técnicos sin escrúpulos, más bien obedientes, incultos o cínicos, que aceptasen construir bloques de habitación y rascacielos, mono-funcionales, y que pudieran ver en la destrucción de las ciudades tradicionales una obra de salud pública. La necesidad de construir deprisa para las masas inadecuadamente alojadas y asegurar los equipos públicos, justificaba todos los crímenes y todos los errores. En este punto, al menos, izquierdas y derechas están de acuerdo.

La nueva religión de la modernidad con sus ritos, con sus devociones y excomulgaciones, exige la utilización de formas y materiales absolutamente inéditos, con otras palabras, la arquitectura se convierte totalmente en servil con la producción industrial. Pronto, los contratistas de muros-telón pasarán a dibujar las fachadas en lugar de los arquitectos. Al valerse de la teoría de la deriva imaginada por los situacionistas en la década de 1950, Michel Houellebecq, en *Rester vivant*, publicado en 1997, define la arquitectura contemporánea *como un inmenso dispositivo de aceleración y de racionalización de desplazamiento humano.* El programa de arquitectura contemporánea se resume entonces en la *construcción de estantes de hipermercado social.* Lo que implica, por un lado, *una total fidelidad a la estética del casillero y, por otro, privilegiar el empleo de materiales de granulometría flaca o nula (metal, vidrio, materiales plásticos).* Para el escritor, *las técnicas de aprendizaje del cambio popularizadas por los estudios* New Age *tinen como objetivo crear individuos indefinidamente mutables, libres de cualquier rigidez intelectual o emocional. Liberto de las barreras que constituían la pertenencia, la fidelidad, los códigos de comportamiento rigurosos, el individuo moderno se encontra, así, preparado para tomar su plaza en un sistema de transacciones generalizadas, dentro de la cual se hizo posible asignarse a sí mismo, de manera unívoca y no ambigua, un valor de cambio.*

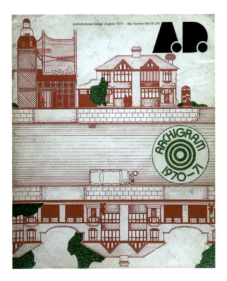

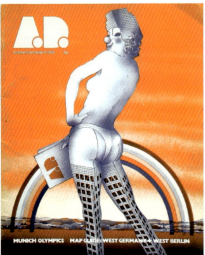

de cidades caminháveis, parentes dos trípodes da Guerra dos Mundos. Quanto menos culto é o jovem arquiteto, mais ele está disposto a desprezar a tradição e o trabalho das gerações anteriores. Tradicionalmente, o ensino das belas-artes era, em primeiro lugar, uma abertura cultural que procedia do conhecimento por imitação. O novo ensino baseia-se na tábua rasa e na fé cega nos inesgotáveis recursos criativos do indivíduo. Cada estudante é um Rimbaud em potência, um génio no limbo. Que isso resulte em frustrações tem pouca importância porque imputará os fracassos à incompreensão do público e às associações que militam pela defesa do património, dos bairros, da natureza… novos bodes expiatórios que tomam o lugar da burguesia.

A construção de autoestradas, caminhos-de-ferro, hospitais gigantescos, piscinas municipais, escolas, museus de todos os géneros… criou riqueza e bem-estar até ao momento em que surgem novos problemas criados pelo próprio crescimento.
Então, é necessário admitir que a cidade tradicional, e não os blocos monofuncionais e a extensão ilimitada das periferias, se revela, ainda e sempre, a resposta mais eficaz a todas as questões que resultam do facto de se viver em conjunto.
Era assim há trinta anos.

Architectural Design, agosto de 1971. A revista apresenta uma nova tonalidade na esteira dos Beatles, de Mary Quant e da minissaia.
Architectural Design, agosto de 1971. La revista presenta una nueva tonalidad en la estela de los Beatles, de Mary Quant y de la minifalda.

Para obtener la sumisión de una profesión, hacer que acepte su propia mediocridad en lo cotidiano, es necesario destruir los fundamentos y la memoria a través del control de la educación. No hay una gran conspiración, sino, lo que es peor, un consentimiento general. En Mayo del 68, la jerarquía de las grandes agencias estremece un poco, pero sólo amplifica el movimiento. El pensamiento se vuelve rural, atraído por las simpáticas cabañas de los hippies californianos, o se vuelve hacia las utopías tecnológicas del talentoso grupo Archigram y hacia sus proyectos de ciudades caminables, parientes de los trípodes de la Guerra de los Mundos. Cuanto menos culto sea el joven arquitecto, más dispuesto estará a despreciar la tradición y el trabajo de generaciones anteriores. Tradicionalmente, la enseñanza de bellas artes era, en primer lugar, una apertura cultural que procedía del conocimiento por imitación. La nueva enseñanza es basada en la tabla rasa y en la convicción ciega en los inagotables recursos creativos del individuo. Cada estudiante es un Rimbaud en potencia, un genio en el limbo. Que eso resulte en frustraciones tiene poca importancia porque imputará los fracasos a la incomprensión del público y a las asociaciones que militan por la defensa del patrimonio, de los barrios, de la naturaleza… nuevos chivos expiatorios que ocupan el lugar de la burguesía.

La construcción de autopistas, de ferrocarriles, de hospitales gigantescos, de piscinas municipales, escuelas, museos de todos los géneros… ha creado riqueza y bienestar hasta el momento en que nuevos problemas surgen creados por el mismo crecimiento.

Retrato do arquiteto do século XIX ao regressar das suas viagens,
V. Dahlerup, cerca de 1880.
Retrato del arquitecto del siglo XX al volver de sus viajes,
V. Dahlerup, alrededor de 1880.

O arquiteto da era maquinista/El arquitecto de la era maquinista,
Léon Krier, 1982.

SINAIS

Em 2004, o programa das Nações Unidas para o ambiente apresentava um atlas de fotografias da Terra tiradas com trinta anos de intervalo. Mais significativo do que qualquer outra demonstração, estes documentos fixam o limite do crescimento e justificam as conclusões dos autores: *Para sobreviver, devemos sair da era da conquista da natureza e entrar na da durabilidade e da gestão prudente.* Os europeus estão hoje, na sua generalidade, conscientes dos danos económicos e sociais causados pela urbanização, mas as mudanças demoram muito a manifestar-se, assim como as sociedades modernas são semelhantes aos grandes petroleiros que se deslocam lentamente para não se partirem. Isto não impede que as campânulas-brancas floresçam.

Embora as revistas profissionais nem sempre deem espaço aos projetos tradicionais contemporâneos, as que abordam os estilos de vida, e abrangem um grande público, dão-lhes grande publicidade.

As associações de bairro e de vizinhos, ao exprimirem-se sobre os projetos privados e públicos, obrigam a uma maior transparência nas decisões em matéria de urbanismo. A exemplo do Atelier de Pesquisa e de Ação Urbana que, desde 1969, sob a presidência do sociólogo René Schoonbrodt, está presente em Bruxelas em todos os debates, a ponto de obter um grande sucesso na inversão da política urbana e restituir à cidade um pouco de dignidade há muito asfixiada pela «bruxelização», sintoma de um caso extremo do acordo entre políticos e especuladores privados e públicos. Tempos felizes em que os abusos de informação privilegiada não existiam.

Os prémios de arquitetura foram estabelecidos. O Aga Khan Award for Architecture premeia, desde 1977, projetos tradicionais contemporâneos no mundo islâmico, o Prémio Rotthier para reconstrução da cidade, criado em 1980,

A Praça do Cabildo em Sevilha, construída por volta de 1975/ /La Plaza del Cabildo en Sevilla, construida en 1975.

Casa em Santa Eularia/Casa en Santa Eulalia, Ibiza, Philippe Rothier, arquiteto/arquitecto, 1996-1997.

Entonces, es necesario admitir que la ciudad tradicional y no los bloques monofuncionales y la extensión ilimitada de periferias se revela, aun y siempre, la respuesta más eficaz a todas las cuestiones que resultan del hecho de vivir en conjunto. Era así hace treinta años.

SEÑALES

En 2004, el programa de las Naciones Unidas para el ambiente presentaba un atlas de fotografías de la Tierra tomadas con treinta años de intervalo. Más significativo que cualquier otra demonstración, estos documentos fijan el límite del crecimiento y justifican las conclusiones de los autores: *Para sobrevivir, debemos salir de la era de la conquista de la naturaleza y entrar en la era de la durabilidad y de la gestión prudente.* Los europeos están hoy, en general, conscientes de los daños económicos y sociales provocados por la urbanización, pero los cambios llevan mucho a manifestarse, así como las sociedades modernas son semejantes a los grandes petroleros que se desplazan lentamente para no quebrarse. Esto no impide el florecimiento de las campánulas blancas.

Casa em Jesus/Casa en Jesus, Ibiza, Philippe Rothier, arquiteto/arquitecto, 1984-2002.

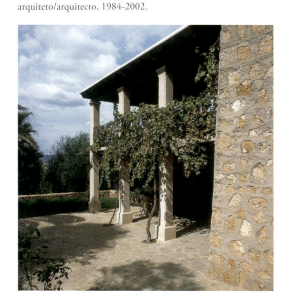

En cuanto las revistas profesionales no siempre dan espacio a los proyectos tradicionales contemporáneos, aquellas que abordan los estilos de vida y que alcanzan un gran público tienen gran publicidad.

Las asociaciones de barrio y de vecinos, cuando se exprimen sobre los proyectos privados y públicos, obligan a una mayor transparencia en las decisiones en materia de urbanismo. Como es el ejemplo del Estudio de Investigación y de Acción Urbana que desde 1969, bajo la presidencia del sociólogo René Schoonbrodt, está presente en Bruselas en todos los debates, a punto de obtener un gran éxito en la inversión de la política urbana y restituir a la ciudad un poco de dignidad hace mucho asfixiada por la «bruselización», síntoma de un caso extremo

Plano da nova cidade de Wellington/Plano de la nueva ciudad de Wellington, Florida, Andres Duany & Elisabeth Plater-Zyberk, arquitetos/arquitectos, 1989.

reconhece os projetos europeus, clássicos ou vernáculos, que se inscrevem na continuidade. Durante os últimos trinta anos, o criador deste prémio construiu, em Ibiza, novas casas impregnadas de arcaísmo. Um contributo raro para a evolução positiva de uma tradição construtiva confrontada brutalmente com um turismo de massas mais predador da identidade ambiental do que os piratas que antes faziam tremer os insulares. O prestigioso Richard H. Driehaus Prize for Classical Architecture foi atribuído em 2002 a Léon Krier e, depois, sucessivamente a Demetri Porphyrios e a Quinlan Terry, que tinham sido também laureados com o prémio Philippe Rothier.

As escolas oferecem ou criam novos cursos, a exemplo da Summer scholl in civil architecture, fundada em 1990 pelo Príncipe Carlos de Inglaterra, que reúne jovens arquitetos de todo o mundo. Este escandalizara anteriormente os profissionais da construção ao declarar em 1987: *You may give this much to the Luftwaffe. When it knocked down our buildings, it didn't replace them with anything more offensive than rubbles*(*). A faculdade de Arquitetura da Universidade de Notre Dame em Southbend, no Indiana, e a Universidade de Miami em Roma formam, desde há vinte anos, arquitetos suscetíveis de elaborar projetos de cidades racionais e de construir edifícios públicos clássicos.

O *new urbanism*, iniciado no fim da década de 80 pelos arquitetos Andres Duany, Elizabeth PLater-Zyberk e Peter Calthorpe, espalhou-se pelos Estados Unidos da América como um rastilho de pólvora. Visa reduzir o tráfego automóvel, integrar atividades no *habitat*, criar espaços públicos coerentes, ainda que se aplique principalmente às comunidades homogéneas do que aos bairros urbanos diversificados. Na Europa, como nos Estados Unidos da América, as destruições de torres e dos grandes blocos de habitação multiplicam-se para dar lugar a novos bairros à escala humana.

(*) Em inglês no original (*N. T.*).

Wellington, perspetiva aérea de um bairro e perspetiva do auditório/Wellington, perspectiva aérea de un barrio y perspectiva del auditorio.

de acuerdos entre políticos y especuladores privados y públicos. Tiempos felices donde los abusos de información privilegiada no existían.

Los premios de arquitectura son establecidos. El *Aga Khan Award for Architecture* recompensa, desde 1977, proyectos tradicionales contemporáneos en el mundo islámico, el *Premio Rothier para la reconstrucción de la ciudad,* creado en 1980, reconoce los proyectos europeos, clásicos o vernáculos que se inscriben en la continuidad. Durante los últimos años, el creador de este premio construyó, en el sur de Ibiza, nuevas casas impregnadas de arcaísmo. Una singular participación a la evolución positiva de una tradición constructiva brutalmente confrontada con un turismo de masas más predador de la identidad ambiental que los piratas que antes hacían temblar los insulares. El prestigioso Richard H. Driehaus Prize for Classical Architecture fue atribuido, en 2002, a Léon Krier, y después sucesivamente a Demetri Porphyrios y a Quinlan Terry que fueron también laureados con el premio Philippe Rothier.

Las escuelas ofrecen o crean nuevas carreras. Como lo hace la *Summer scholl in civil architecture*, fundada en 1990 por el Príncipe Carlos de Inglaterra, que reúne jóvenes arquitectos de todo el mundo. Este escandalizaría anteriormente a los profesionales de la construcción cuando declara en 1987: *You may give this much to the Luftwaffe. When it knocked down our buildings, it didn't replace them with anything more offensive than rubbles*(*). La facultad de Arquitectura de la Universidad de Notre Dame, Southbend, Indiana, y la Universidad de Miami, en Roma, forman, desde hace veinte años, arquitectos susceptibles de elaborar proyectos de ciudades racionales y de construir edificios públicos clásicos.

El «new urbanism», iniciado en el final de la década de 1980 por los arquitectos Andres Duany, Elizabeth Plater-Ziberk y Peter Calthorpe, se esparció a través de los Estados Unidos de América como un reguero de pólvora. Tiene como

(*) En inglés en el original (*N. T.*).

A nova cidade de Poundberry/La nueva ciudad de Poundberry, Inglaterra, Léon Krier, arquiteto/ arquitecto, a partir de 1988. Perspetiva de uma rua e uma rua actuais/Perspectiva de una calle y una calle actual.

Imóvel residencial em Val d'Europe, próximo de Paris/Edifício residencial en Val d'Europe, cerca de París, Gabriele Tagliaventi & Maurice Culot, arquitetos/arquitectos.

Desde 1992, numa iniciativa de Gabriele Tagliaventi, a associação Vision of Europe organiza em Bolonha uma bienal que reúne e apresenta os projetos e realizações mais recentes. Surgiram muitos *sites* na Internet: *International Network for Traditional Building Architecture & Urbanism* (INTBAU), *Council for European Urbanism* (CEU), *Katarxis, Avoe*… Estes são os sinais.

A MEMÓRIA BASE DE TODA A CULTURA

Como qualquer movimento, o do renascimento urbano alimentou-se de muitas contribuições práticas e teóricas. O arquiteto François Spoerry distingue-se como um dos primeiros na Europa a descobrirem as virtudes do urbanismo tradicional, ao projetar em 1959 a construção de Port-Grimaud, uma povoação lacustre edificada na baía de Saint-Tropez. Durante muito tempo desprezado no seu país, ele é hoje considerado, com Léon Krier, um dos pais do novo urbanismo. Christopher Alexander, no ensaio inovador que publica em 1964 com o título *A city is not a tree*, demonstra a incapacidade inata da Carta de Atenas para restaurar ou produzir o urbano. Segue-se-lhe, em 1966, Robert Venturi que publica *Complexity and contradiction in Architecture*, um convite argumentado a nunca mais *se deixar intimidar pela moral e linguagem puritana da arquitetura moderna ortodoxa.*
Está feita a rutura no funcionalismo.

Em 1974, Ricardo Boffil propõe um jardim no antigo lugar dos antigos Halles de Paris. O projeto não se realizou (coisa lamentável perante o bric-à-brac que ali se instalou a seguir), mas lança a polémica sobre o classicismo contemporâneo. Em 1979, Charles Jenks proclama que *a arquitetura moderna morreu em Saint-Louis, Missouri, em 15 de Julho de 1972 às 15,32 h,* data da dinamitagem de edifícios funcionalistas.

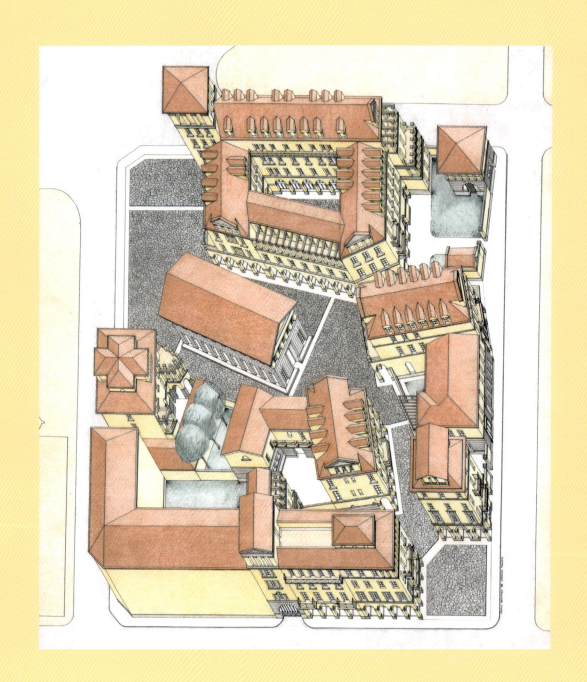

objetivo reducir la circulación del automóvil, integrar actividades en el hábitat, crear espacios públicos coherentes, aunque se aplique principalmente a las comunidades homogéneas en vez de a los barrios urbanos diversificados. En Europa, como en los Estados Unidos de América, las destrucciones de torres y de grandes bloques de vivienda se multiplican para dar lugar a nuevos barrios de escala humana. Desde 1992, una iniciativa de Gabriel Tagliaventi, la asociación *Vision of Europe* organiza en Bolonia una bienal que reúne y presenta los proyectos y realizaciones más recientes. Surgieron muchos *sites* en Internet: *International Network for Traditional Building Architecture & Urbanism* (INTBAU), *Council for European Urbanism* (CEU), *Katarxis, Avoe…* Estas son las señales.

LA MEMORIA ES LA BASE DE TODA LA CULTURA

Como todo movimiento, el del renacimiento urbano se alimentó de muchas contribuciones prácticas y teóricas. El arquitecto François Spoerry se distingue como uno de los primeros en Europa en descubrir las virtudes del urbanismo tradicional cuando proyecta, en 1959, la construcción de Port-Grimaud, un pueblo lacustre edificado en la bahía de Saint-Tropez. Durante mucho tiempo despreciado en su país, es hoy considerado, como Léon Krier, uno de los padres del nuevo urbanismo. Christopher Alexander, en su ensayo innovador que publica en 1964 con el título *A City is Not a Tree*, demuestra la incapacidad innata de la Carta de Atenas para restaurar o producir el urbano. Él es seguido, en 1966, por Robert Venturi que publica *Complexity anda Contradiction in Architecture*, una invitación argumentada a nunca más *dejarse intimidar por la moral y lenguaje puritano de la arquitectura moderna ortodoxa.*
La ruptura en el funcionalismo está hecha.

En 1974, Ricardo Boffil propone un jardín en el antiguo lugar de los Halles de Paris. El proyecto no se realizó (cosa lamentable en vista del *bric-à-brac* que se

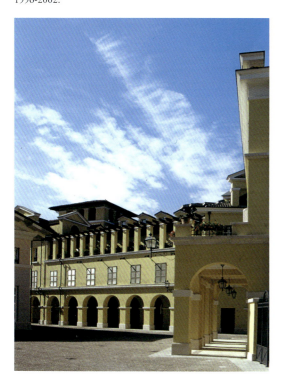

Novo bairro em Alessandria, Itália. Perspetiva de conjunto e vista da entrada da praça/Nuevo barrio en Alessandria, Italia. Perspectiva del conjunto y vistas de la entrada de la plaza, Léon Krier & Tagliaventi & asociados, arquitetos/arquitectos, 1996-2002.

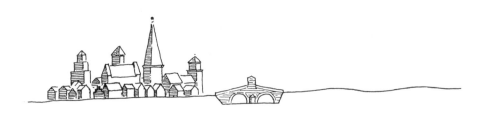 

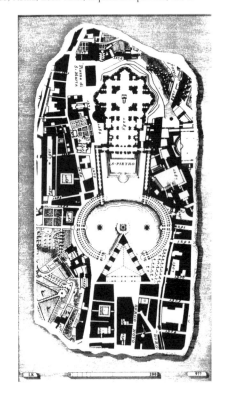

Pórtico para a praça de São Pedro/Pórtico para la plaza de San Pedro, Roma, Léon Krier, arquiteto/arquitecto, 1978.

A dúvida instala-se definitivamente no seio dos arquitetos com a chegada do pós-modernismo. Este pretende restabelecer a ligação com a história, assegurar uma melhor comunicação com o público e apresentar uma dimensão lúdica, se não mesmo humorística. Mas a incultura do meio arquitetónico é tal que apenas reterá, em geral, o aspeto gratuito da colagem de elementos heteróclitos. *As melhores intenções*, escreve Bruno Foucart, membro do júri do Prémio Philippe Rothier em 1992, *são muitas vezes desperdiçadas por tiques emprestados, que multiplicam em vão e desordenadamente pedaços de frontões e colunas, sem qualquer sabedoria e fora da regularidade.*

O contributo teórico decisivo é dado por Léon Krier em 1977-1978, com os seus projetos para o bairro de La Villete, em Paris, e para a sua cidade natal de Luxemburgo, em que aplica e explica os princípios de um urbanismo produtor de espaços urbanos e de cidades policêntricas. A saber: a organização da cidade em bairros cuja medida é dada para o passeio humano (10 minutos), misturado com outras atividades, limitação do número de andares, hierarquia de vias e de lugares públicos, distinção entre o que é o monumento e a fábrica humana (não comprimir apartamentos em formas monumentais como o fazem, por exemplo, Ricardo Bofill e Manolo Nunes), equilíbrio entre espaços privados e públicos, estes não devem ultrapassar 30%, correndo o risco de se tornarem social e economicamente ingovernáveis (no urbanismo resultante da Carta de Atenas e aplicado às novas cidades francesas e inglesas, o espaço público pode chegar a cerca de 70% da superfície). Falando da nova cultura artesanal que deve produzir

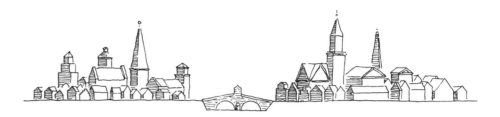

A extensão da cidade, Léon Krier, 1987.
– A cidade adulta.
– Extensão vertical e horizontal exagerada.
– Extensão orgânica por duplicação.

La extensión de la ciudad, Léon Krier, 1987.
– La ciudad adulta.
– Extensión vertical y horizontal exagerada.
– Extensión orgánica por duplicación.

Pórtico para a praça de São Pedro/Pórtico para la plaza de San Pedro, Roma, Léon Krier, arquiteto/arquitecto, 1978.

instaló después allí), pero lanza la polémica sobre el clasicismo contemporáneo. En 1979, Charles Jenks proclama que *la arquitectura moderna se murió en Saint-Louis, Missouri, en 15 de julio de 1972 a las 15 horas y 32 minutos,* fecha de la voladura de edificios funcionalistas.

La duda se instala definitivamente en el medio de los arquitectos con la llegada del posmodernismo. Este pretende restablecer el vínculo con la historia, asegurar una mejor comunicación con el público y presentar una dimensión lúdica, sino mismo humorística. Pero la incultura del medio arquitectural es tal que apenas retendrá, en general, el aspecto gratuito del collage de elementos heteróclitos. *Las mejores intenciones,* escribe Bruno Foucart, miembro del jurado del Premio Philippe Rothier de 1922, *son muchas veces desperdiciadas por manías emprestadas, que multiplican en vano, y desordenadamente, trozos de frontones y columnas, sin cualquier sabiduría y fuera de toda regularidad.*

La contribución teórica decisiva es dada por Léon Krier en 1977-1978, con sus proyectos para el barrio de La Villete en París y para su ciudad natal de Luxemburgo donde aplica y explica los principios de un urbanismo productor de espacios urbanos y de ciudades policéntricas. A saber: la organización de la ciudad en barrios cuya medida es dada para el paseo humano (10 minutos), mezclado con otras actividades, limitación del número de pisos, jerarquía de vías y de lugares públicos, distinción entre lo que es el monumento y la fábrica humana (no comprimir apartamentos en formas monumentales como lo hacen, por ejemplo,

65

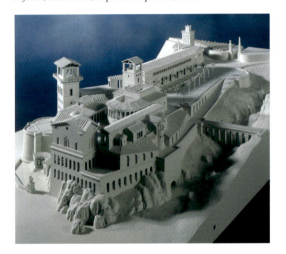

Reconstrução da cidade Laurentina descrita por Plínio, *o Jovem*/
/Reconstrucción de la ciudad Laurentina descrita por Plinio, *el Joven*, Léon Krier, arquiteto/arquitecto, 1982.

a cidade, Krier escreve que ela só pode surgir da repetição, da adaptação e da melhoria de alguns edifícios-tipo, de alguns métodos de construção e da utilização de materiais naturais. A única coisa que impede este advento é a *falta de pensamento e o enredo burocrático e industrial de uma profissão que perdeu a sua memória, a sua inteligência e, por isso, a sua autoridade.* Para Krier, as soluções não se podem encontrar na novidade, nas utopias futuristas, mas na exploração da nossa história urbana, vista como uma aventura apaixonante. *Qualquer forma de vida agradável,* escreve, *está sustentada na memória, qualquer atividade inteligente é a continuação permanente de sensações vividas. A memória constitui a base de toda a inteligência. É sobre ela que se estabelece o* habitat *e o* hábito, *os sentimentos, a razão. É a base de toda a vida humana e de toda a cultura. Por outro lado,* acrescenta, *não podemos regressar senão ao que já se compreendeu, ou seja, às experiências, às coisas e aos sentimentos vividos. Não se pode regressar ao que não se compreendeu.*

É a fraqueza do pós-modernismo.

MODERNISMO ESTÁTICO OU A TRADIÇÃO EM EVOLUÇÃO

Será que a queda do funcionalismo irá conduzir *ipso facto* ao renascimento da arte de construir cidades? Longe disso, porque, por um lado, se opõem muitas barreiras burocráticas, normativas, produtivistas e, por outro, os arquitetos estão mais interessados na oportunidade que lhes é dada para promover as suas fantasias individuais do que pela ideia de se conformarem às regras que regem a verdadeira estrutura urbana. Deste ponto de vista, nada mudou em trinta anos e os recentes projetos da aldeia olímpica de Paris dão o sinal de que a França não seja selecionada para os jogos de 2012.

Em 1980, no catálogo do primeiro Prémio Rothier para a reconstrução da cidade, Léon Krier afirmou: *Para o arquiteto clássico, as noções de progresso e de*

Ricardo Boffil y Manolo Nunes), equilibrio entre espacios privados y públicos, estos no deben ultrapasar 30%, corriendo el riesgo de que se vuelvan social y económicamente ingobernables (en el urbanismo resultante de la Carta de Atenas y aplicado a las nuevas ciudades francesas e inglesas, el espacio público puede llegar alrededor de 70% de la superficie). Hablando de la nueva cultura artesanal que la ciudad debe producir, Krier escribe que sólo ella puede surgir de la repetición, de la adaptación e de la mejoría de algunos edificios tipo, de algunos métodos de construcción y de la utilización de materiales naturales. La única cosa que impide este advenimiento es la *falta de pensamiento y el embrollo burocrático e industrial de una profesión que perdió su memoria, su inteligencia y, por eso, su autoridad.* Para Krier, las soluciones no se pueden encontrar en la novedad, en las utopías futuristas, sino en la exploración de nuestra historia urbana, mirada como una aventura apasionante. *Cualquier forma de vida agradable,* escribe, *está basada en su memoria, cualquier actividad inteligente es la continuación permanente de sensaciones vividas. La memoria constituí la base de toda la inteligencia. Es sobre ella que se establece el hábitat y el hábito, los sentimientos, la razón. Es la base de toda la vida humana y de toda cultura. Por otra parte,* añade, *no podemos volver sino a todo lo que ya se comprendió, o sea, a las experiencias, a las cosas y a los sentimientos vividos. No se puede volver a lo que no se comprendió.* Esta es la flaqueza del posmodernismo.

MODERNISMO CONGELADO O LA TRADICIÓN EN EVOLUCIÓN

¿Será que la queda del funcionalismo irá a conducir *ipso facto* al renacimiento del arte de construir ciudades? Lejos de eso, porque, por una parte, muchas barreras burocráticas, normativas, productivistas se oponen y, por otra, los arquitectos están más interesados en la oportunidad que se les ofrecen para promocionar sus fantasías individuales que por la idea de conformarse ante las reglas que rigen la

inovação não existem, porque a arquitetura clássica tem resolvido, desde há muito, os problemas técnicos e artísticos de uma maneira definitiva na solidez, na permanência, na beleza, na comodidade. O classicismo não é, portanto, um estilo, mas uma maneira racional de pensar a arquitetura.

Como presidente do Prémio Europeu para a reconstrução da cidade, desde 1982, eu percebo quanto este preço é, através dos projetos que selecionou, o reflexo da nossa própria evolução e o das etapas percorridas. Como as suas ambições originais a favor da renovação do classicismo, ele tem integrado sucessivamente os aspetos ecológicos, energéticos, económicos, sociais, levando em conta a dimensão dos espaços verdes e territoriais, ampliando o seu campo de investigação até aos países da bacia do Mediterrâneo, Rússia ou Cuba, para finalmente se abrir à poesia e ao voo livre do pensamento, sem jamais trair os seus objetivos originais.

TRINTA ANOS, UM PERCURSO

O primeiro Prémio Rothier para a reconstrução da cidade selecionou arquitetos que mantêm a chama do classicismo: o britânico Quinlan Terry, que estabelece áreas estruturadas como pequenas cidades à maneira das *villas* de Palladio; o francês Christian Langlois, autor da extensão do Senado na rua Vaugirard, um edifício clássico cuja fachada e arcadas estão construídas em pedra maciça. Desprezado pela crítica, o edifício intemporal é hoje reproduzido nos postais de Paris.

Sinal de pertença a uma cultura europeia comum e a uma linguagem que evolui com o tempo, o classicismo integra mais ou menos matizes locais, mas os seus conceitos constitutivos – a solidez, a permanência, a comodidade, a beleza – mantêm-se. Defender a arquitetura clássica implica que se defenda, da mesma maneira, a construção vernacular; o monumento não pode ser separado do seu

verdadera estructura urbana. Desde este punto de vista, nada cambió en treinta años y los recientes proyectos de la aldea olímpica de París dan la señal para que Francia no sea seleccionada para los juegos de 2012.

En 1980, en el programa del primer Premio Rothier para la reconstrucción de la ciudad, Léon Krier afirmó: *Para el arquitecto clásico, las nociones de progreso y de innovación no existen, porque la arquitectura clásica tiene resuelto, desde hace mucho tiempo, los problemas técnicos y artísticos de una manera definitiva en la*

Atlantis ao nascer do dia/ Atlantis al nacer del día, projeto/ /proyecto de Léon Krier, 1988. Pintura de Carl Laubain.

Quiosque do Jardim do Luxemburgo/Quiosco del Jardín de Luxemburgo, Paris, Christian Langlois, arquiteto/arquitecto, 1984.

Imóvel com arcadas na rua Vaugirard/Edificio con arcadas en la calle Vaugirard, Paris, Christian Langlois, arquiteto/arquitecto, 1972-1976.

ambiente. Nesta perspetiva, a reconstrução da pequena cidade fronteiriça de Fuenterrabia, pelo arquiteto madrileno Manuel Manzano Monis, completa a seleção. Degradada, a velha cidade fortificada deve a sua salvação e renascimento a este arquiteto que reconstruiu toda uma área. A localização da praça nova, que ele organizou em terrenos baldios, dava a impressão de ter existido sempre, graças à mestria do arquiteto da tipologia, do vocabulário e da construção característica da região. A reconstrução de Fuenterrabia é um dos primeiros antídotos à Carta de Veneza, formulada em 1966, e que obriga que a originalidade de uma obra resida menos nos seus materiais do que na sua conceção de conjunto. *A unidade de estilo não é um objetivo durante uma restauração e todo o trabalho extra deverá ter a marca do nosso tempo*, preconizam os autores da Carta, abrindo assim a Caixa de Pandora e a porta a todo o tipo de desvios. Um dos mais flagrantes e mais recentes foi a desfiguração do castelo de Guilherme, *o Conquistador*, em Falaise, Calvados, por um arquiteto-chefe dos Monumentos Históricos! Em 1987, o júri prestava uma homenagem particular ao arquiteto egípcio Abdel Wahed El-Wakil pelo conjunto da sua obra e Léon Krier observou sobre este assunto: *Apesar da minha ignorância quase total da arte islâmica, posso, enquanto europeu, perceber muito claramente a mensagem universal desta arquitetura: a da confiança na dignidade do homem, do espírito público e da ordem urbana. Ela envergonha todos os pretensos edifícios que os meus compatriotas e colegas não hesitaram em construir nos últimos anos no Médio Oriente. Ao lado dos palácios e mesquitas de El-Wakil, ainda dão mais a impressão de ser os escombros abandonados por uma força de ocupação estrangeira.* Mas Krier sublinha também que as obras-primas de El-Wakil *não são o produto de uma tradição e de um artesanato locais ou de uma única cultura artística e que, embora sejam concebidas com o espírito de um lugar a ponto de se tornarem símbolos, são o resultado de um pensamento amplamente alimentado pelas viagens e que, além das regras e do vocabulário impostos pela arquitetura e pela construção islâmicas, o repertório do arquiteto é alimentado pelo estudo das ordens e das formas clássicas.*

Richmond Riverside, Surrey, Quinlan Terry, arquiteto/arquitecto, 1984-1987.

Newfield, casa de campo em Yorshire/Newfield, casa de campo en Yorkshire, Quinlan Terry, arquiteto/arquitecto, 1979-1981.

solidez, en la permanencia, en la belleza, en la comodidad. El clasicismo no es, por tanto, un estilo, es más una manera racional de pensar la arquitectura.

Como presidente del Premio Europeo para la reconstrucción de la ciudad, desde 1982, yo entiendo cuanto este precio es, a través de los proyectos que seleccionó, el reflejo de nuestra propia evolución y de las etapas recorridas. Como sus ambiciones originales a favor de la renovación del clasicismo tiene integrado sucesivamente los aspectos ecológicos, energéticos, económicos, sociales, teniendo en cuenta la dimensión de los espacios verdes y territoriales, ampliando su campo de investigación hasta los países del arco del Mediterráneo, Rusia o Cuba, para, por fin, abrirse a la poesía y al libre vuelo del pensamiento, sin jamás traicionar sus objetivos originales.

TREINTA AÑOS, UN RECORRIDO

El primer Premio Rothier para la reconstrucción de la ciudad selecciona arquitectos que mantengan la llama del clasicismo: el británico Quinlan Terry que establece áreas estructuradas como pequeñas ciudades a la manera de las villas de Palladio; el francés Christian Langlois, autor de la extensión del Senado en la calle Vaugirard, un edificio clásico cuya fachada y arcadas fueron construidas en piedra maciza. Despreciado por la crítica, el edificio intemporal es hoy reproducido en las postales de París.

Señal de pertenencia a una cultura europea común y a un lenguaje que evoluciona con el tiempo, el clasicismo integra más o menos matices locales, pero sus conceptos constitutivos – la solidez, la permanencia, la comodidad, la belleza – permanecen. Defender la arquitectura clásica implica que se defienda, de la misma manera, la construcción vernácula; el monumento no puede ser separado de su ambiente. En esta perspectiva, la reconstrucción de la pequeña ciudad

Nova praça de Vicario e rua reconstruída em Fuenterrabia, em Espanha/Nueva plaza de Vicario, y calle reconstruida en Fuenterrabía, España, Manuel Manzano-Monis, arquiteto/arquitecto, 1971.

Castelo de Guilherme, o Conquistador, em Falaise, França, por volta de 1920 e hoje com as adições modernistas em betão de um arquiteto-chefe dos Monumentos Históricos.
Castillo de Guillermo el Conquistador, Falaise, Francia, en 1920, y hoy con las adiciones modernistas en hormigón de un arquitecto jefe de los Monumentos Históricos.

Nesse mesmo ano, o prémio foi dado *ex-aequo* a um engenheiro e a três arquitetos: ao alemão Ernst Schirmacher pela reconstrução do Römerberg, em Frankfurt, ao francês Jean Pierre Errath pelos seus trabalhos de embelezamento de Bordéus, aos espanhóis Manuel Iniguez e Alberto Ustarroz pela restauração da Câmara Municipal de Lesaka, no País Basco, e ao italiano Pompeo Trisciuoglio pela reconstrução da aldeia de Grangesises, perto de Turim.

Frankfurt vira o seu centro arrasado em 1944 e quando o engenheiro Schirmacher empreendeu, em 1980, a reconstrução de seis casas dos séculos XV e XVI na praça central de Römerberg, fê-lo contra a vontade dos arquitetos locais e com a ordem explícita do presidente da Câmara e do conselho municipal. Cada uma das casas foi desenhada como se se tratasse de uma casa individual única; e não nos encontramos aqui perante uma pseudofachada histórica feita de uma só peça e agarrada a uma estrutura de betão.

Jean-Pierre Errath, através do seu cargo de arquiteto de edifícios de França, conseguiu em dez anos modificar a fisionomia da capital do sudoeste, a ponto de não ser exagero parafrasear Churchil quando se escreve: *Nunca no domínio da cidade os seus moradores tiveram uma tal dívida para com um único arquiteto*. Ao eliminar montras de alumínio, sobrelojas rasgadas, guarnecidas de néons e cercadas de publicidade, Errath restituiu a integridade das avenidas e das praças construídas nos séculos XVIII e XIX, com o apoio de uma população que, além da paixão pelo vinho, possui claramente a paixão pela pedra e pela estereotomia. Também é verdade que o arquiteto estudou com Pierre Barbe (1900-2004) que, depois de ter construído belos edifícios depurados ao estilo modernista, passou a ilustrar a linguagem clássica, como o seu antecessor Jean-Charles Moreux (1889-1956), que Bruno Foucart vê como *a reencarnação do arquiteto imaginado por Paul Valéry em «Eupalinos»*. Esta capacidade de trabalhar com o mesmo talento em registos opostos valeu aos dois arquitetos o apodo de *renegados* por parte de

Mesquita Ruwais em Jeddah, em construção, Arábia Saudita/
/Mezquita Ruwais, Jeddah, en construcción, Arabia Saudita,
Abdel Wahed El-Wakil, arquiteto/arquitecto, 1986.

fronteriza de Fuenterrabía por el arquitecto madrileño Manuel Manzano Monis, completa la selección. Degradada, la vieja ciudad fortificada debe su salvación y renacimiento a este arquitecto que reconstruyó toda un área. La localización de la plaza nueva, que él organizó en páramos, daba la impresión de que siempre existiera, gracias a la maestría del arquitecto de la tipología, del vocabulario y de la construcción característica de la región. La reconstrucción de Fuenterrabía es uno de los primeros antídotos a la Carta de Venecia, formulada en 1966, y que obliga que la originalidad de una obra resida menos en sus materiales que en su concepción de conjunto. *La unidad de estilo no es un objetivo durante la restauración, y todo el trabajo extra deberá tener la marca de nuestro tiempo,* preconizan los autores de la Carta, abriendo así la Caja de Pandora, y la puerta a todos los tipos de desvío. ¡Uno de los más flagrantes y más recientes fue la desfiguración del castillo de Guillermo el Conquistador, en Falaise, Calvados, por un arquitecto jefe de los Monumentos Históricos!

Edifício, Cour de l'Intendence, em Bordéus, por volta de 1982 e reabilitação por Michel Moga, arquiteto, em 1984.
Edificio, Cour de l'Intendence, Burdeos, en 1982, y rehabilitado por Michel Moga, arquitecto, en 1984.

espíritos tristes a quem perturba a ideia de que um criador possa mudar de ideias sem mudar de identidade.

Quando Pompeo Trisciuoglio fez renascer, em 1976, qual fénix, a aldeia em ruínas de Grangesises, a cinquenta quilómetros a noroeste de Turim, ele utilizou as técnicas mais contemporâneas para preparar o projeto; contudo, no estaleiro só o olho do artesão é responsável pelas regras e medidas. É ao renunciar ao laser, à serra de recortar e mesmo ao metro que o arquiteto fez ressurgir aqui a profundidade cultural do lugar.

A partir de 1992, o prémio já não era associado ao conceito de arquitetura clássica, porque esta se prestava à confusão; muitos participantes compreendem-na num sentido estilístico limitado e também muitas candidaturas foram inspiradas na pós-modernidade e no gosto dos artifícios.

Neste ano, o arquiteto Demetri Porphyrios, autor, em 1982, do livro *Classicism is not a style*, impõe-se imediatamente com a construção de Belvedere Farm, em

Villa Lambiotte, Neuilly, França/*Villa* Lambiotte, Neuilly, Francia, Pierre Barbe, arquiteto/arquitecto, 1934.

Domaine des Treilles, Grande Maison, Var, Pierre Barbe, arquiteto/arquitecto, 1965.

Reconstrução de seis casas na praça de Römerberg/
/Reconstrucción de seis casas en la plaza de Römerberg
Frankfurt, Ernst Schirmacher, arquiteto/arquitecto, 1984.

Centro rural em La Rigada, no País Basco/ Centro rural en
La Ligarda, País Vasco, Javier Cenicacelaya & Iñigo Salona,
arquitetos/arquitectos, 1985-1987.

Hall de entrada da Câmara Municipal de Lesaka,
no País Basco/Hall de entrada del Ayuntamiento de Lesaka, País
Vasco, Manuel Inigues & Alberto Ustarroz,
arquitetos/arquitectos, 1985.

En 1987, el jurado prestaba un homenaje particular al arquitecto egipcio Abdel Wahed El-Wakil por el conjunto de su obra, y Léon Krier observó sobre este tema: *A pesar de mi ignorancia casi total del arte islámico, puedo, como europeo, entender muy claramente el mensaje universal de esta arquitectura: la confianza en la dignidad del hombre, del espirito público, y del orden urbano. Ella avergüenza a todos los edificios, así llamados, que mis compatriotas y compañeros no dudaron en construir en los últimos años en Oriente Medio. Al lado de los palacios y mezquitas de El-Wakil, aun dan más la impresión de ser escombros abandonados por una fuerza de ocupación extranjera.* Pero Krier subraya también que las obras maestras de El-Wakil *no son el producto de una tradición y de una artesanía local o de una única cultura artística y que, aunque sean concebidas con el espiritu de un lugar a punto de volverse símbolos, son el resultado de un pensamiento largamente alimentado por viajes y que, además de las reglas y del vocabulario impuestos por la arquitectura y por la construcción islámica, el repertorio del arquitecto es alimentado por el estudio de las órdenes y de las formas clásicas.*

En ese mismo año, el premio fue entregado *ex-aequo* a un ingeniero y a tres arquitectos: al alemán Ernst Schirmacher por la reconstrucción del Römerberg, Frankfurt, al francés Jean-Pierre Errath por sus trabajos de embellecimiento de Burdeos, a los españoles Manuel Iñiguez y Alberto Ustarroz por la restauración del Ayuntamiento de Lesaka, País Vasco, y al italiano Pompeo Trisciuoglio por la reconstrucción del pueblo de Grangesises, cerca de Turín.

Frankfurt tuvo su centro devastado en 1944, y cuando el ingeniero Schirmacher emprendió, en 1980, la reconstrucción de seis casas de los siglos XV y XVI en la plaza central de Römerberg, lo hizo contra la voluntad de los arquitectos locales y con la orden explícita del alcalde y del Ayuntamiento. Cada una de las casas fue dibujada como si fuera una casa individual única; y no vemos aquí una pseudo fachada histórica hecha de una sola pieza, y unida a una estructura de hormigón. Jean-Pierre Errath, a través de su función de arquitecto de edificios de Francia, logró con éxito modificar en diez años la fisionomía de la capital del sudoeste

79

Sala Polivalente da Escola Sagrada Família, em Derio, no País Basco/Salón polivalente de la Escuela Sagrada Família, en Derio, País Vasco, Javier Cenicacelaya & Iñigo Salona, arquitetos/arquitectos, 1988.

Belvedere Farm, Ascot, Inglaterra, Demetri Porphyrios & Associados, arquitetos/arquitectos, 1989.

Ascot. Uma quinta contemporânea, concebida como uma pequena aldeia. Provavelmente o melhor dos arquitetos ecléticos em atividade, Porphyrios assina, igualmente em 1992, uma extensão do Magdalen College, em Oxford, onde confronta um auditório neogrego com o Old English Style. Com a Escola da Sagrada Família, em Derio, a sul do País Basco, Javier Cenicacelaya e Iñigo Salona, arquitetos de Bilbau, ilustram a capacidade do classicismo para integrar as sensibilidades regionais. Uma demonstração que seria imediatamente estendida à escala urbana com o concurso para a reconstrução da rua de Laeken, em Bruxelas, organizado pela Fondation pour l'Architecture. Construído por arquitetos europeus com menos de quarenta anos, ao gosto neoclássico que impregna este bairro da capital, cada um dos imóveis ressoa com pronúncia de Itália, Inglaterra, Espanha, Bélgica. É a Europa da diversidade cultural que fala ao lado destas casas, enquanto ela se cala lamentavelmente perante as muralhas de vidro e de betão que abrigam em Bruxelas, Estrasburgo ou no Luxemburgo os escritórios das suas instituições.

A surpresa virá da candidatura de um arquiteto polaco, Piotr Choynowski, que substitui, em Oslo, as tristes e pequenas fachadas de edifícios da década de 60 por outras, expressivas e espessas, que se integram na paisagem das ruas. Mais do que um simples trabalho cosmético – o que seria desde logo notável – é uma reviravolta copernicana a que nos convida o arquiteto, que apanha desprevenidos os especuladores imobiliários, habituados a esvaziar os edifícios antigos, conservando apenas as suas fachadas.

A sessão de 1995 vê o júri orientar-se para a seleção de projetos que, pela sua utilização e situação na cidade, ganham uma dimensão pública e que são exemplos aos olhos de todos.

Os arquitetos Pierre Sicard e Michel Authié recebem um prémio pelos seus trabalhos na cidade termal de Cauterets, nos Altos Pirenéus: mercado, fonte,

Reconstrução da aldeia de Grangesises nos Alpes italianos/
/Reconstrucción del pueblo de Grangesises en los Alpes italianos,
Pompeu Trisciuoglio, arquiteto/arquitecto, 1976-1986.

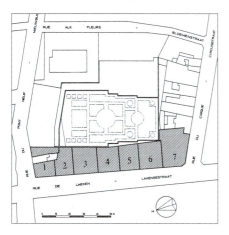

Reconstrução da rua de Laeken, em Bruxelas
na sequência de um concurso, 1989-1993.
Reconstrucción de la calle de Laeken, Bruselas,
en la secuencia de un concurso, 1989-1993.

al punto de no exagerar al parafrasear a Churchill cuando escribe: *Jamás en el dominio de la ciudad, sus vecinos tuvieron una deuda tal con un solo arquitecto.* Al eliminar escaparates de aluminio, entresuelos abiertos, guarnecidos de neones y cercados de publicidad, Errath restituyó la integridad de las avenidas y plazas construidas en los siglos XVIII y XIX, con el apoyo de una población que, además de su pasión por el vino, tiene claramente la pasión por la piedra y por la estereotomía. También es verdad que el arquitecto hizo sus estudios con Pierre Barbe (1900-2004) que, después de construir bellos edificios depurados al estilo modernista, pasó a ilustrar el lenguaje clásico, como su predecesor Jean-Charles Moreaux (1889-1956) que Bruno Foucart ve como *la reencarnación del arquitecto imaginado por Paul Valéry en «Eupalinos»*. Esta capacidad de trabajar con el mismo talento en registros opuestos valió a los dos arquitectos el apodo de *renegados* por parte de espíritus tristes a quienes perturba la idea de que un creador pueda cambiar de ideas sin cambiar de identidad.

Cuando Pompeo Trisciuoglio hizo renacer en 1976, tal como fénix, el pueblo en ruinas de Grangesises, a cincuenta quilómetros al noroeste de Turín, él utiliza las técnicas más contemporáneas para preparar el proyecto; sin embargo, en el astillero sólo el ojo del artesano es responsable de las reglas y medidas. Es al renunciar al laser, a la sierra de recortar y mismo al metro, que el arquitecto hace resurgir aquí la profundidad cultural del lugar.

A partir de 1992, el premio no era ya asociado al concepto de arquitectura clásica porque se prestaba a confusión; muchos participantes la comprenden en un sentido estilístico limitado, y también muchas entregas fueron inspiradas en la posmodernidad y en el gusto de los artificios.

En ese año, el arquitecto Demetri Porphyrios, autor, en 1982, del libro *Classicism is not a style,* se impone de imediato con la construcción de Belvedere Farm, en Ascot. Una finca contemporánea, concebida como un pequeño pueblo. Probablemente, el mejor de los arquitectos eclécticos que está en actividad, Porphyrios

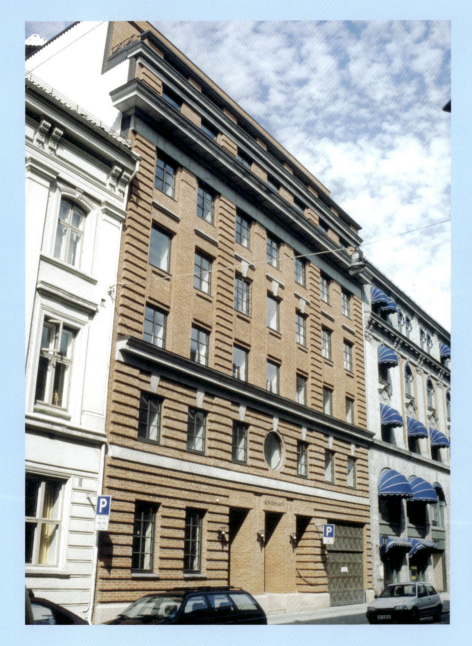

Edifícios em Oslo, antes e depois da intervenção do arquiteto Piotr Choynowski, 1985-1987.
Edificios en Oslo, antes y después de la intervención del arquitecto Piotr Choynowski, 1985-1987.

firma, también en 1992, una extensión del Magdalen College, en Oxford, donde confronta un auditorio neogriego con el Old English Style. Con la Escuela de la Sagrada Familia, en Derio, al sur del País Vasco, Javier Cenicacelaya e Iñigo Salona, arquitectos de Bilbao, ilustran la capacidad del clasicismo para integrar las sensibilidades regionales. Una demonstración que sería inmediatamente extendida a la escala urbana con el concurso para la reconstrucción de la calle Laeken, en Bruselas, organizado por la Fondation pour l'Architecture. Construido por los arquitectos europeos con menos de cuarenta años, al gusto neoclásico que impregna este barrio de la capital, cada uno de los edificios resuena con la entonación de Italia, Inglaterra, España, Bélgica. Es la Europa de la diversidad cultural que habla al lado de estas casas, mientras ella se calla lamentablemente ante las murallas de cristal y hormigón que reciben en Bruselas, Estrasburgo o Luxemburgo las oficinas de sus instituciones.

La sorpresa vendrá de la entrega de un arquitecto polaco, Piotr Choynowski, que substituye, en Oslo, las tristes y pequeñas fachadas de edificios de la década de 1960 por otras, expresivas y espesas, que se integran en el paisaje de las calles. Más que un simple trabajo cosmético – lo que sería desde luego notable – es un vuelco copernicano al que nos invita el arquitecto, y que va a sorprender a los especuladores inmobiliarios que están habituados a vaciar los edificios antiguos para conservar solamente sus fachadas.

La sesión de 1995 ve al jurado orientarse hacia la selección de proyectos que, por su utilización y situación en la ciudad, cogen una dimensión pública, siendo ejemplos ofrecidos a los ojos de todo el mundo.

Los arquitectos Pierre Sicard y Michel Authié reciben un premio por sus trabajos en la ciudad termal de Cauterets, en los Altos Pirineos: mercado, fuente, calle, centro turístico de montaña. Aunque las ciudades francesas de provincias tengan muchas veces la tendencia para copiar París – por no hablar ya de las miserables pirámides que florecieran después de la construcción de la pirámide del museo

Centro Turístico de Montanha, Cauterets, França/Centro turístico de montaña, Cauterets, Francia, Pierre Sicard & Michel Authié, arquitetos/arquitectos, 1993.

Reconstrução, após a demolição de um parque de estacionamento por andares de um mercado coberto e do seu ladrilho, Bayonne/Reconstrucción después de la demolición de un aparcamiento por pisos de un mercado cubierto y de su ladrillo, Bayonne, Francia, Jacques Leccia & Christian Parra, arquitetos/arquitectos, 1994.

rua, centro turístico de montanha. Ainda que as cidades de província francesa tenham muitas vezes a tendência para copiar Paris – já nem contamos as miseráveis pirâmides que floresceram depois da construção da pirâmide do museu do Louvre – o conselho municipal joga aqui a carta da sua própria identidade, que consegue reforçar com a construção de novos edifícios.

Em Bayonne, no Sudoeste de França, os mercados metálicos de 1860 foram destruídos durante a década de 70 e substituídos por um parque de estacionamento por andares que desfigurava o centro da cidade e contribuía para a deterioração do ambiente. A Câmara Municipal optou pela demolição do parque de estacionamento e a sua substituição por um mercado que imitava os do século XIX com o seu telhado tradicional. A operação salda-se não somente por um embelezamento espetacular, mas também por uma renovação comercial e residencial. Ao recompensar a Câmara Municipal de Bayonne, o Prémio Rothier também trouxe um apoio apreciado a todos os que estiveram localmente implicados para que o projeto fosse para a frente.

Ao premiar a reconstrução da Escola Saint-Michel no porto de Saint-Jean-de--Luz, pelo arquiteto Guy Montharry, o júri teve como objetivo incentivar a renovação do neo-regionalismo em França. Isto fora inventado no fim do século XIX pelos arquitetos da Escola de Belas-Artes, que ficavam desolados ao ver os mais belos lugares da província francesa desfigurados por construções ecléticas e historicistas. Artistas e escritores também muito contribuíram para a divulgação e influência dos estilos regionais, como Pierre Loti com o seu romance *Ramuntcho* e Edmond Rostand, com a construção da sua *villa* em Camboles-Bains.
Após quarenta anos de adormecimento, o regionalismo ressurge durante a década de 80, levado pela ecologia, pelo desenvolvimento da cultura biológica, pelas publicações consagradas ao estilo de vida, pela ação da Confederação rural de José Bové… O novo neo-regionalismo integra noções de economia de energia,

Vista aérea de Port-Grimaud, por volta de 1970/Vista aérea de Port-Grimaud, 1970, François Spoerry, arquiteto/arquitecto.

Escola de Saint-Michel, Ciboure/Escuela de Saint-Michel, Ciboure, Francia, Guy Montharry, arquiteto/arquitecto, 1994.

de Louvre – el ayuntamiento juega aquí la carta de su propia identidad, que consigue reforzar con la construcción de nuevos edificios.

En Bayonne, al suroeste de Francia, los mercados metálicos de 1860 fueron destruidos durante la década de 1970 y sustituidos por un aparcamiento de pisos que desfiguraba el centro de la ciudad y contribuía al deterioro del ambiente. El Ayuntamiento optó por la demolición del aparcamiento sustituyéndolo por un mercado que imitaba los del siglo XIX con tejado tradicional. La operación se saldó no sólo con un embellecimiento espectacular, sino también con una renovación comercial y residencial. Al recompensar el ayuntamiento de Bayonne, el Premio Rothier trajo también un apoyo apreciado a todos los que estuvieran localmente implicados para que el proyecto fuese adelante.

Al premiar la reconstrucción de la Escuela Saint-Michel en el puerto de Saint-Jean-de-Luz, Ciboure, por el arquitecto Guy Montharry, el jurado tuvo como objetivo incentivar la renovación del neo-regionalismo en Francia. Esto fue inventado, a finales del siglo XIX, por los arquitectos de la Escuela de Bellas Artes que se quedaban desolados al ver los más bellos lugares de la provincia francesa desfigurados por construcciones eclécticas e historicistas. Artistas y escritores también han contribuido mucho en la divulgación e influencia de los estilos regionales, como Pierre Loti con su novela *Ramuntcho* y Edmond Rostand con la construcción de su villa en Camboles-Bains.

Después de cuarenta años de adormecimiento, el regionalismo resurge durante la década de 1980, llevado por la ecología, por el desarrollo de la cultura biológica, por las publicaciones consagradas al estilo de vida, por la acción de la Confederación rural de José Bovê... El nuevo neo-regionalismo integra nociones de economía de energía, se vuelca en el estudio de técnicas de construcción antiguas, y abandonando las fachadas de hormigón, vuelve a los materiales tradicionales, a la piedra, madera, terracota, a la pintura con cal, a los colores hechos con pigmentos naturales... El trabajo de Guy Montharry, en el caso de la Escuela de Ciboure, es particular-

Port-Grimaud, 1975, François Spoerry, arquiteto/arquitecto.

entrega-se ao estudo de técnicas de construção antigas e, abandonando as fachadas em cimento, regressa aos materiais tradicionais, à pedra, à madeira, à terracota, à pintura com cal, às cores à base de pigmentos naturais... O trabalho de Guy Montharry, no caso da Escola de Ciboure, é tanto mais notável na medida em que também resiste à tendência dos padrões arquitetonicamente deploráveis da construção escolar contemporânea.

Em 1998, o júri presta homenagem a François Spoerry, o inventor de Port-Grimaud, que desde o fim dos anos 50 do século passado volta as costas aos princípios anti-urbanos que regem a construção das novas cidades, para preconizar a imitação das povoações existentes, a mescla de atividades, o regresso à rua e à praça, com os seus plátanos e mercado, com a sua igreja... Se o sucesso de um projeto se mede também pela sua capacidade de dar origem a postais, Port-Grimaud está, evidentemente, bem colocado.

Mas a cidade lacustre não é somente uma imagem, um subtil teatro de fachadas, é, antes de mais, uma reflexão sobre a construção de um pitoresco contemporâneo através da justaposição alternada de planos de casas, da disposição aleatória de detalhes decorativos e de elementos vernaculares, do tratamento de telhados.
Com a extensão da vila de Gassin, em 1996, que o inspirara para criar Port-Grimaud, Spoerry demonstra que os constrangimentos orçamentais da habitação social não são incompatíveis com a construção de um bairro tradicional em harmonia fusional com o que já existe e com a paisagem.
A Sociedade Imobiliária de Mayotte (território francês ultramarino) recusou conceber a habitação social como um campo experimental de formas arquitetónicas inéditas e considerar os habitantes como cobaias, tendo em conta a tradição de construção e os modos de vida dos mayotenses. Assegura igualmente a promoção das técnicas locais e em organizações económicas duráveis.

Habitações sociais em Mayotte, no oceano Índico, Sociedade Imobiliária de Mayotte, a partir de 1980/Viviendas sociales en Mayotte, Océano Índico, Sociedad Inmobiliaria de Mayotte, a partir de 1980.

mente notable en la medida en que también resiste a la tendencia de los estándares arquitecturalmente deplorables de la construcción escolar contemporánea.

En 1998, el jurado presta homenaje a François Spoerry, el inventor de Port-Grimaud que, a partir del final de los años cincuenta del siglo pasado, vuelve las espaldas a los principios anti-urbanos que rigen la construcción de nuevas ciudades, para preconizar la imitación de los pueblos existentes, la mezcla de actividades, el regreso a la calle y a la plaza, con sus plátanos y mercado, con su iglesia… Si el éxito de un proyecto se mide también por su capacidad de generar postales, Port-Grimaud está, evidentemente, muy bien colocado.

Pero la ciudad lacustre no es sólo una imagen, un sutil teatro de fachadas, es, en primero lugar, una reflexión sobre la construcción de un pintoresco contemporáneo a través de la yuxtaposición alternada de planos de casas, de la disposición aleatoria de detalles decorativos y de elementos vernáculos, del tratamiento de tejados. Con la extensión de la villa de Gassin, en 1996, que lo inspirara para criar Port-Grimaud, Spoerry demuestra que los límites presupuestarios de la vivienda social no son compatibles con la construcción de un barrio tradicional en armonía fusional con lo que existe ya y con el paisaje.

La Sociedad Inmobiliaria de Mayotte (territorio francés de ultramar) recusó concebir la vivienda social como un campo experimental de formas arquitecturales inéditas y considerar los habitantes como cobayas, teniendo en cuenta la tradición de la construcción y los modos de vida de los mayotenses. Asegura también la promoción de las técnicas locales y en las organizaciones económicas durables. Charles Jenks, miembro del jurado en 1998, es particularmente sensible a los proyectos de arquitectura de Pier Carlo Bontempi en la región de Parma que *se pueden revelar mejores que los proyectos de arquitectura vernácula en los cuales se inspira. Ese,* observa, *el tipo de victoria que tenemos cuando trabajamos, con toda modestia, con la tradición.* Y, en la nueva villa de Spetses, construida por Demetri Porphyrios, en la Peloponesia, el crítico británico entendió *la ilusión de una*

91

Habitações sociais em Mayotte, no oceano Índico, Sociedade Imobiliária de Mayotte, a partir de 1980/Viviendas sociales en Mayotte, Océano Índico, Sociedad Inmobiliaria de Mayotte, a partir de 1980.

A nova vila de Pitiousa ao sul da ilha de Spetses, Grécia. Vista da rua principal na direção norte-sul que conduz ao porto/La nueva villa de Pitiousa al sur de la isla de Spetses, Grecia. Vista de la calle principal, dirección norte-sur que lleva al puerto, Demetri Porphyrios & associados, arquitetos/ arquitectos, 1993.

Charles Jencks, membro do júri em 1998, é particularmente sensível aos projetos de arquitetura de Pier Carlo Bontempi na região de Parma que *se podem revelar melhores do que os projetos de arquitetura vernacular nos quais se inspira. Eis,* observa, *o tipo de vitória que temos quando trabalhamos, com toda a modéstia, com a tradição.* E na nova vila de Spetses, construída por Demetri Porphyrios no Peloponeso, o crítico britânico percebeu *a ilusão de uma continuidade histórica, como se os habitantes tivessem vivido nestas vilas de paredes brancas desde há gerações.* Os empréstimos e os subterfúgios do arquiteto não o preocupam, na medida em que *o procedimento confere à vila uma aparência coerente, uma base para as construções futuras. O tempo é o grande amigo deste tipo de arquitetura.*

Sinal dos tempos, três reabilitações são mencionadas este ano, confirmando finalmente o avanço da arqueologia industrial e a forte recuperação de um campo arquitetural durante muito tempo deixado em pousio. A Village Royal, em Paris, uma passagem situada nas proximidades de Madeleine, onde o arquiteto Jean-Jacques Ory brincou com a Carta de Veneza, fazendo com que as partes novas não se distinguissem das antigas. A reconversão dos antigos Moinhos de Meuse, em Namur, pelo *atelier* Arbre d'Or, é original pela sua dupla parcialidade: voltar a pôr os edifícios antigos no seu estado original e convocar os artistas para os seus interiores e imediações: Andrés Putmann para a decoração, Yann Kersalé para a luz, Pierre Culot para os jardins. Responsável pela reconversão de uma fábrica de Bruxelas num edifício de habitação, o Atelier d'Art Urbain acrescenta escadas em tijolo e varandas metálicas na fachada traseira, como toques expressionistas que se harmonizam com a memória da antiga atividade industrial.

O regulamento do prémio de 2002 anuncia que o júri estará *particularmente atento aos projetos que se apresentem na forma de conjuntos coerentes, em harmonia com o seu ambiente, que integrem características regionais ou locais, que recorram a materiais no sentido de que a obra seja durável e respeite a ecologia.* Também dará

importância aos *projetos que tenham em conta a história e que respeitem as divisões parcelares, que participem da criação de ruas ou de praças e que utilizem de uma forma apropriada os estilos arquitetónicos e as técnicas vernaculares.*

É na lógica desta formulação, em que a arquitetura é pensada como um projeto global através dos seus atores, que o Prémio 2002 é atribuído por unanimidade à Oficina del Historiador de la Ciudad de La Havana. Distanciando-se das suas bases europeias, o júri recompensa o trabalho exemplar realizado pela equipa de Eusébio Leal Spengler que, após a degradação da economia cubana a seguir à queda do bloco socialista em 1994, criou soluções originais para tratar questões complexas colocadas pela reabilitação de um centro histórico de 70 000 habitantes, cobrindo dois quilómetros quadrados, e cuja metade dos 3500 edifícios ameaçava desmoronar-se. As soluções dinâmicas e flexíveis que associam a população residente e as associações locais, que criam estruturas de formação ao artesanato da construção e ao turismo, que geram operações nacionais e internacionais de parceria. Além da qualidade do trabalho realizado, o prémio ganha aqui, quer se queira ou não, uma dimensão política na medida em que participa na consolidação de benefícios adquiridos positivos de um regime populista marxista.

A reconstrução de duas aldeias alpinas na Suíça, Terra Vechia e Bordei, no vale de Centovali, pelo arquiteto Lorenzo Custer segue a mesma linha. Também aqui a qualidade arquitetónica está intimamente ligada a um projeto social; os trabalhos eram realizados por jovens em dificuldades que, através da experiência do trabalho artesanal qualificado e um enquadramento pedagógico e humano, conseguem ter um lugar na sociedade. Ainda no mesmo registo, uma simples casa medieval, construída em madeira, em Valenciennes, pelos arquitetos Jean Méreau e Bernard Dehertogh, resume na sua perfeição construtiva toda a vontade de uma cidade do Norte de França afetada pela desindustrialização que, sob a liderança dinâmica dos eleitos, assume uma reconversão espetacular ao se

Reconversão dos antigos Moulins de la Meuse, em Namur, Bélgica, Atelier de l'Arbre d'Or e contribuições de Pierre Culot, Yann Kerselé e André Putman, 1998.
Reconversión de los antiguos Molinos de Meuse, en Namur, Bélgica, Estudio de l'Arbre d'Or y contribuiciones de Pierre Culot, Yann Kerselé y André Putmann, 1998.

Antiga fábrica reconvertida em habitação, Bruxelas/Antigua fábrica reconvertida en vivienda, Bruselas, Estudio d'Art Urbain, arquitetos/arquitectos, 1998.

Plaza Vieja e Casa Árabe em Havana, Cuba, após a reabilitação/ /Plaza Vieja y Casa Árabe, Havana, Cuba, después de la rehabilitación, Eusébio Leal Spengler & *Oficina del Historiador de la Ciudad*, 1998.

continuidad histórica, como si los habitantes hubieran vivido en estas villas de muros blancos desde hace generaciones. Los suplementos y subterfugios del arquitecto no interfieren en medida en que el *procedimiento confiere a la villa un aspecto coherente, una base para las construcciones futuras. El tiempo es el gran amigo de este tipo de arquitectura.* Señal de los tiempos, tres rehabilitaciones son mencionadas durante este año, confirmando por fin el avance de la arqueología industrial y la fuerte recuperación de un campo arquitectural que durante mucho tiempo estuvo en descanso. La Village Royal, en París, un pasaje situado en las cercanías de Madeleine, dónde el arquitecto Jean-Jacques Ory hizo mala cara a la Carta de Venecia, haciendo con que las partes nuevas se distinguiesen de las antiguas. La reconversión de los antiguos Molinos de Meuse, en Namur, por la agencia Arbre d'Or es original por su doble parcialidad: volver a poner los edificios antiguos en su estado original y convocar a los artistas para sus interiores y cercanías: Andrés Putmann para la decoración, Yann Kersalé para la luz, Pierre Culot para los jardines. Responsable por la reconversión de una fábrica de Bruselas en un edificio de viviendas, el Estudio d'Art Urbain añade escaleras en ladrillo y balcones metálicos en la fachada trasera, como detalles expresionistas que se armonizan con la memoria de la antigua actividad industrial.

El reglamento del premio de 2002 anuncia que el jurado estará *particularmente atento a los proyectos que se presenten bajo la forma de conjuntos coherentes, en armonía con su entorno, que integren características regionales o locales, que recurran a materiales para que la obra sea durable y respete la ecología. También dará importancia a los proyectos que tengan en cuenta la historia y que respeten las divisiones parcelares, que participen de la creación de calles y plazas y que utilicen de manera apropiada los estilos arquitecturales y las técnicas vernáculas.*
Es en la lógica de esta formulación, donde la arquitectura es pensada como un proyecto global a través de sus actores, que el Premio 2002 es concedido por unanimidad a la Oficina del Historiador de la Ciudad de La Havana. Alejándose

Atelier de construção, Terra Vecchia, Suíça/Taller de construcción, Terra Vecchia, Suiza, Lorenzo Custer, arquiteto/arquitecto, 1992-1996.

tornar deliberadamente o apoio da vida cultural e o suporte para uma reconstrução idêntica dos seus bairros antigos.

A par destas realizações militantes, o arquiteto suíço Marcel Kalberer traz a frescura das arquiteturas efémeras feitas de estruturas vegetais flexíveis obtidas a partir de ramos de salgueiros plantados e que surgem como capelas, catedrais, átrios e pavilhões verdes, construídos muitas vezes para a ocasião de eventos comemorativos e que se tornam rapidamente atrações turísticas.

Ao atribuir o prémio 2005 ao cineasta Emir Kusturica pela construção da aldeia de Küstendorf, o Prémio Rothier ganha uma outra dimensão sem renegar as suas convicções, privilegia a dimensão poética, saúda o entusiasmo comunicativo mais do que a pedagogia, prefere a convicção à perfeição e junta-se a Federico Fellini quando diz que não há outro universal que não seja o regional. A aldeia tradicional que o músico e cineasta construiu no lugar da rodagem do filme *A Vida é um Milagre,* a sudoeste de Belgrado, próximo de Visegrad, não muito longe da fronteira com a Bósnia e da cidade de Sarajevo, reproduz a arquitetura original do seu país. Ele dá uma segunda vida aos muitos quilómetros de via férrea para o filme e é simultaneamente um símbolo de pacificação, uma fonte de reconforto e uma contribuição decisiva para a economia turística da região. Em 2004, a propósito desta produção, o cineasta escreve: *Eu perdi a minha cidade durante a guerra. Foi por isso que quis construir uma aldeia. Organizarei aqui seminários para as pessoas que quiserem aprender a fazer cinema e dar concertos. É a cidade onde moro e onde haverá, naturalmente, outros habitantes, que trabalharão no local. O meu sonho é que este lugar seja aberto à diversidade cultural e se levante contra a mundialização.* Se a mestiçagem de populações, de culturas, de sociedades e o individualismo considerado como uma verdade suprema são dados incontornáveis da sociedade europeia moderna, a aldeia construída por Kusturica demonstra que o enraizamento da arquitetura no tempo e na história não é vão nem está ultrapassado.

Fachadas e casas medievais reconstruídas/Fachadas e casas medievales reconstruidas, Valenciennes, Bernard Dehertogh & Jean Méreau, arquitetos/arquitectos, 2000-2003.

  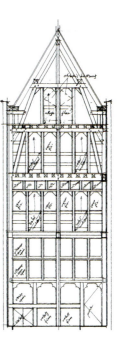

Casa medieval moderna, Valenciennes, Bernard Dehertogh & Jean Méreau, arquitetos/arquitectos, 2002.

Estrutura vegetal obtida a partir de ramos de salgueiros plantados no solo/Estructura vegetal obtenida a partir de ramas de sauces plantados en el suelo, Marcel Kalberer, arquiteto/arquitecto, 2001.

Küstendorf, aldeia construída na Sérvia por iniciativa do cineasta Emir Kusturica.
Küstendorf, pueblo reconstruido en Serbia por iniciativa del director de cine Emir Kusturica.

de sus bases europeas, el jurado recompensa el trabajo ejemplar realizado por el equipo de Eusébio Leal Spengler que, después de la degradación de la economía cubana a seguir a la queda del bloque socialista en 1994, crió soluciones originales para tratar cuestiones complejas para la rehabilitación de un centro histórico de 70.000 vecinos, con dos quilómetros cuadrados, y cuya mitad de 3.500 edificios amenazaban con derrumbarse. Las soluciones dinámicas y flexibles que asocian la población residente y las asociaciones locales, que crían estructuras de formación a la artesanía de la construcción y al turismo, que generan operaciones nacionales e internacionales de cooperación. Además de la calidad del trabajo realizado, el premio coge aquí, guste o no, una dimensión política en la medida en que participa en la consolidación de beneficios adquiridos positivos de un régimen populista marxista.

La reconstrucción de dos pueblos alpinos en Suiza, Terra Vecchia y Bordeu en el valle de Centovali, por el arquitecto Lorenzo Custer sigue la misma línea. También aquí la calidad arquitectural está íntimamente conectada con un proyecto social; los trabajos fueron realizados por jóvenes con dificultades que, a través de la experiencia del trabajo artesanal cualificado y de un encuadramiento pedagógico y humano, consiguen tener un lugar en la sociedad. En el mismo registro, una simple casa medieval, construida en madera, en Valenciennes por los arquitectos Jean Méreau y Bernard Dehertogh, resume en su perfección constructiva toda la voluntad de una ciudad del Norte de Francia afectada por la desindustrialización que, bajo el liderazgo dinámico de los elegidos, asume una reconversión espectacular al volverse deliberadamente el apoyo de la vida cultural y soporte para una reconstrucción idéntica de sus barrios antiguos.

Junto a estas realizaciones militantes, el arquitecto suizo, Marcel Kalberer, traslada el frescor de las arquitecturas efímeras hechas de estructuras vegetales flexibles obtenidas a partir de ramas de sauces plantados y que surgen como capillas, catedrales, atrios y pabellones verdes, construidos muchas veces para la ocasión de eventos conmemorativos y que se vuelven rápidamente en atracciones turísticas.

Museu do Mar da Galiza, em Vigo/Museo del Mar de Galicia, Vigo, España, César Portela & Aldo Rosi, arquitetos/arquitectos, 1992-2004.

O ano de 2005, como se quisesse saudar o vigésimo quinto aniversário do Prémio, é rico em participações notáveis e diversificadas. A seleção, aqui, torna-se obrigatória até porque só é possível citar alguns arquitetos escolhidos, pois as suas obras prolongam-se para lá de si próprias.

Estamos maravilhados com o arquiteto Ariel Balmassière, herói da sombra, pelo seu trabalho de longo prazo que realizou em Uzés, no Sul de França. Perante as praças e as casas reconstruídas por sua iniciativa, é a voz de todos os arquitetos regionais que trabalham sozinhos contra a entropia que aqui existe. Com o Museu do Mar, em Vigo, o galego César Portela oferece um conjunto austero e conciso que sublinha a imensidade e a beleza do oceano e do céu, proporcionando um *espetáculo reservado habitualmente aos marinheiros, aos pescadores e aos deuses*. Uma arquitetura lógica que demonstra que se pode construir na orla marítima sem destruí-la e fazer com que a terra e o oceano, a geometria e a natureza, a tradição e a modernidade, o classicismo e a vanguarda, se encontrem.

Os arquitetos Pedro Pacheco e Marie Clément reconstruíram a igreja, o cemitério e o museu arqueológico da nova aldeia da Luz, em Portugal (a antiga fora submersa a seguir à construção da barragem do Alqueva), recriando analogias

Passagem coberta restaurada e fonte nova em Uzés/Pasaje cubierta restaurada y fuente nueva en Uzés, Ariel Balmassière, arquiteto/arquitecto.

Al atribuir el premio en 2005 al director de cine Emir Kusturika por la construcción del pueblo de Küstendorf, el Premio Rothier obtiene otra dimensión sin renegar a sus convicciones, privilegia la dimensión poética, saluda al entusiasmo comunicativo más que a la pedagogía, prefiere la convicción a la perfección y se une a Federico Fellini cuando dice que no hay otro universal que no sea el regional. El pueblo tradicional que el músico y director de cine construyó en el lugar del rodaje de la película *La vida es un milagro*, al suroeste de Belgrado, cerca de Visegrade, no muy lejos de la frontera con Bosnia y de la ciudad de Sarajevo, reproduce la arquitectura original de su país. Él da una segunda vida a los numerosos kilómetros de ferrocarril para la película y es simultáneamente un símbolo de pacificación, una fuente de confort y una contribución decisiva para la economía turística de la región. En 2004, a propósito de esta producción, el director de cine escribe: *Yo he perdido mi ciudad durante la guerra. Fue por eso que he querido construir un pueblo. Organizaré aquí seminarios para las personas que quieran aprender a hacer cine y para dar conciertos. Es la ciudad dónde vivo y donde habrá, naturalmente, otros vecinos que trabajarán en este lugar. Mi sueño es que este lugar sea abierto a la diversidad cultural y se yerga contra la mundialización.* Si el mestizaje de poblaciones, de culturas, de sociedades y el individualismo considerado como una verdad suprema, son datos ineludibles de la sociedad europea moderna, el pueblo construido por Kusturica demuestra que el enraizamiento de la arquitectura en el tiempo y en la historia no es vano ni está ultrapasado.

El año de 2005, como si quisiera saludar el vigésimo quinto aniversario del Premio, es rico en participaciones notables y diversificadas. La selección, aquí, se vuelve obligatoria hasta el punto que no es posible citar sino algunos arquitectos elegidos porque sus obras se extienden más allá de si mismo.

Estamos encantados con el arquitecto Ariel Balmassière, héroe en la sombra, por su trabajo a largo plazo que realizó en Uzés, al sur de Francia. Ante las plazas y calles reconstruidas por su iniciativa, es la voz de todos los arquitectos regionales que trabajan sólos contra la entropía que aquí existe. El gallego César Portela

103

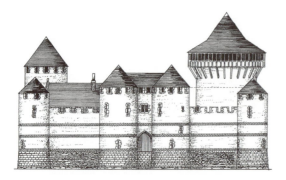

O castelo fortificado do século XIII em construção na clareira de Guédelon, no coração da Borgonha, segundo o projeto do arquiteto Jacques Moulin.
A elevação sul e o estaleiro em 2002.
El castillo fortificado del siglo XIII en construcción en el claro de Guédelon, en el corazón de Borgoña, según el proyecto del arquitecto Jacques Moulin.
La elevación sur y el astillero en 2002.

A nova Medina de Hammamet Sul, na Tunísia/La nueva Medina de Hammamet Sur, Túnez, Tarak Ben Miled, arquiteto/arquitecto, 2000-2005.

com o lugar original, aproximando o ato de construir ao processo natural de construção de uma paisagem.

O arquiteto-chefe dos Monumentos Históricos Jacques Moulin, ao envolver-se no estaleiro experimental da construção do novo castelo fortificado do século XIII, em Guédelon, na Borgonha, encoraja a experimentação de técnicas de construção antigas. Fantasista à primeira vista, este processo constitui um contributo precioso para a maneira de encarar as técnicas de restauro e um meio eficaz de popularização da construção tradicional para um público menos especializado.

Com o bairro edificado no lugar do antigo hospital Sankt Erik, em Estocolmo, o arquiteto urbanista Aleksander Wolodarski e os seus colegas assinam um conjunto urbano modelo.

Em Tunes, a empresa de Tarak Ben Miled demonstra, com a nova Medina de Hammamet Sul, que a arquitetura e os espaços urbanos tradicionais podem integrar e responder a todas as exigências da vida contemporânea.
Dois arquitetos trazem o testemunho de uma obra que constitui um conjunto coerente e reflete uma constância de pensamento: Charles Boccara, em Marraquexe, e Ian Begg, em Plokton, na Escócia, que desde há quarenta anos mantém a tradição escocesa na arquitetura e na vida artística.

Finalmente, dois projetos aparentemente situados nos antípodas um do outro ilustram a ponte que une a tradição às ideias mais avançadas em matéria de ambiente. Numa extremidade, uma obra-prima contemporânea, a Queen's Gallery no Palácio de Buckingham, pelo atelier de John Simpson, e, na outra, o projeto de cooperação europeu Shared Space que propõe partilhar equitativamente o espaço público ao renunciar privilegiar um ou outro dos usuários, o

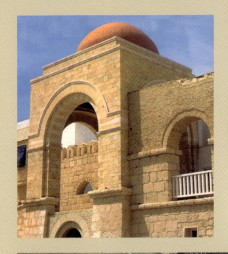

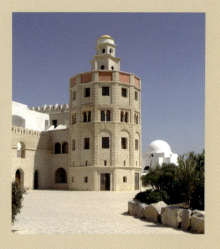

A nova Medina de Hammamet Sul, na Tunísia/ La nueva Medina de Hammamet Sur, Túnez, Tarak Ben Miled, arquiteto/arquitecto, 2000-2005.

Vista aérea e fotografias recentes/Vista aérea y fotografías recientes.

Novo bairro construído no lugar do hospital Sankt Erik, em Estocolmo, Suécia/El nuevo barrio construido en el lugar del Hospital Sankt Erik, Estocolmo, Suécia, Aleksander Wolodarski, arquitecto urbanista, 1990-2003.

O novo teatro ópera de Marraquexe, em Marrocos/El nuevo teatro ópera de Marrakech, Marruecos, Charles Boccara, arquiteto/arquitecto, 1998.

ofrece, con su Museo del Mar en Vigo, España, un conjunto austero y conciso que subraya la inmensidad y la belleza del océano y del cielo, proporcionando un *espectáculo reservado habitualmente a los marinos, a los pescadores y a los dioses*. Una arquitectura lógica que demuestra que se puede construir en la orilla del mar sin destruirla y hacer que tierra y océano, geometría y naturaleza, tradición y modernidad, clasicismo y vanguardia, se encuentren.

Los arquitectos Pedro Pacheco y Marie Clément reconstruirían la iglesia, el camposanto y el museo arqueológico de la nueva Aldeia da Luz, Portugal (la antigua fue sumergida después de la construcción de la presa de Alqueva), recreando analogías con el lugar original, acercando el acto de construir al proceso natural de construcción de un paisaje.

El arquitecto jefe de los Monumentos Históricos, Jacques Moulin, cuando se implica en el astillero experimental de la construcción del nuevo castillo fortificado del siglo XIII, en Guédelon, Borgoña, va fomentar el experimento de antiguas técnicas de construcción. A primera vista, fantasioso, este proceso constituye una valiosa contribución a la manera de enfrentar las técnicas de restauración y un medio eficaz de vulgarización de la construcción tradicional para un público menos advertido.

Con el barrio edificado en el lugar del antiguo hospital Sankt Erik, en Estocolmo, el arquitecto urbanista Aleksander Wolodarski y sus compañeros firman un conjunto urbano modelo.

En Túnez, la agencia de Tarak Ben Miled demuestra, con su nueva Medina de Hammamet Sur, que la arquitectura y los espacios urbanos tradicionales pueden integrar y responder a todas las exigencias de la vida contemporánea.

Dos arquitectos aportan el testimonio de una obra que constituye un conjunto coherente y refleja una constancia de pensamiento, Charles Boccara, en Marrakech, e Ian Begg, en Pokton, Escocia, que desde hace cuarenta años mantienen la tradición escocesa en la arquitectura y vida artística.

Três obras do arquiteto Ian Begg, na Escócia: a restauração de um castelo, a sua casa pessoal e um novo hotel em Edimburgo.
Tres obras del arquitecto Ian Begg, en Escocia: la restauración de un castillo, su casa personal y un nuevo hotel en Edimburgo.

peão ou a pessoa motorizada são colocados em pé de igualdade. Uma experiência testada com sucesso nos Países Baixos que levou à quase supressão na cidade dos semáforos e sinais de trânsito.

O REGRESSO DOS ESTILOS

Há trinta anos, Léon Krier, preocupado em se distanciar das modas, dizia que o classicismo não era um estilo mas uma maneira racional de pensar. Isto não significa, contudo, que a arquitetura e o urbanismo possam ser dissociados. Não podemos dizer que estamos de acordo com a forma tradicional de conceber uma cidade e pretender construir os edifícios que neguem as regras urbanas, as noções de economia, de alinhamento, de integração… Construir a cidade é também retomar, com o uso correto, os estilos, selecioná-los em função da sua relação

The Queen's Gallery, Buckingham Palace. O novo pórtico de entrada/El nuevo pórtico de entrada, John Simpson & Partners, arquitetos/arquitectos, 2005.

Arranha-céus gótico (projeto de Raymond Hood e de John Mead Howells para o Chicago Tribune, 1925), dórico (projeto de Adolf Loos para o Chicago Tribune, 1925), no estilo espanhol (Freedom tower, Miami, Schultze & Weaver, arquitetos, 1926), estaliniano (Palácio da Cultura de Varsóvia, Led Runiev, arquiteto, 1952.

Rascacielos gótico (proyecto de Raymond Hood y de John Mead Howells para el Chicago Tribune, 1925), dórico (proyecto de Adolf Loos para el Chicago Tribune, 1925), al estilo español (Freedom Tower, Miami, Schultz & Weaver, arquitectos, 1926), estaliniano (Palacio de la Cultura de Varsóvia, Led Runiew, arquitecto, 1952.

Finalmente, dos proyectos aparentemente situados en las antípodas uno del otro ilustran el puente que une la tradición a las ideas más avanzadas en materia de ambiente. En un extremo, una obra maestra contemporánea, la Queen's Gallery, Buckingham Palace, por la agencia de John Simpson, y en la otra, el proyecto de cooperación europeo Shared Space que propone compartir equitativamente el espacio público al renunciar a privilegios uno y otro de los usuarios, el peatón o la persona motorizada son colocados en pie de igualdad. Una experiencia comprobada con éxito en los Países Bajos que llevó casi a la supresión en la ciudad de los signos y señales de circulación.

EL REGRESO DE LOS ESTILOS

Hace treinta años, Léon Krier, preocupado en distanciarse de las modas, decía que el clasicismo no era un estilo sino una manera racional de pensar. Esto no induce, sin embargo, a que la arquitectura y el urbanismo puedan ser disociados. No podemos decir que estamos de acuerdo con la forma tradicional de concebir una ciudad y pretender construir edificios que nieguen las reglas urbanas, las nociones de economía, de ordenación, de integración… Construir la ciudad, es también reanudar, con el uso correcto, los estilos, seleccionarlos en función de su relación con las dimensiones de lotes y espacios públicos, de su adecuación al carácter urbano o rural…

La Gran Casa era de estilo español, pero no del tipo hispano-californiano, introducido, vía México, en el siglo precedente y modificado de nuevo por los arquitectos modernos. A pesar de su espíritu híbrido, pertenece más al género hispano-morisco aunque algunos especialistas protesten contra esta denominación. Esta digresión estilística fue tomada de la última novela de Jack London, publicada en 1916, *The Little Lady of the Big House*.

Pero no es la indecisión sobre el estilo exacto de la Gran Casa la que llegó entonces a América, sino el hecho de que el novelista ponga en escena una relación a

Novo campanário da igreja Saint-Joseph
no bairro de Praga, em Varsóvia, arquiteto não identificado, 2004.
Nuevo campanario de la iglesia Saint-Joseph,
en el barrio de Praga, Varsovia, arquitecto no identificado, 2004.

III

com as dimensões dos lotes e espaços públicos, da sua adequação ao carácter urbano ou rural…

A Casa Grande era de estilo espanhol, mas não do tipo hispano-californiano, introduzido, via México, no século precedente e modificado novamente pelos arquitetos modernos. Apesar do seu espírito híbrido, pertence mais ao género hispano-mourisco, ainda que certos especialistas protestem contra esta denominação. Esta digressão sobre o estilo foi tirada do último romance de Jack London, publicado em 1916, The little Lady of the Big House.
Mas não é a indecisão sobre o estilo exato da Casa Grande que chocou então a América, mas o facto de o romancista pôr em cena uma relação a três liberta de convenções respeitáveis. Hoje, na sociedade europeia, um tal comportamento e muitos outros condenados ontem como imorais passam despercebidos. Contudo, a maioria de arquitetos e críticos de arquitetura continua a opor-se, como virgens assustadas, à ideia de um regresso aos estilos arquitetónicos.

Para Quatremère de Quincy, o *estilo nos monumentos da arte de construir indica o que forma o traço característico do gosto local de cada país, de modo que quase ninguém possa confundir-se (Dicionário Histórico de Arquitetura, 1832).*

Mais próximo de nós, o arquiteto József Vágó (1877-1947), grande europeu antes do tempo e sedento de justiça social, vê no nacionalismo político uma calamidade e no nacionalismo artístico uma necessidade imperiosa. Vágó fora formado na escola de Ödön Lechner (1845-1914), um dos principais iniciadores do estilo nacional húngaro que defendia uma «fecundação cruzada» entre o estilo da alta Renascença francesa e a arte rural da Transilvânia. Tal como o seu mestre, Vágó não concebia o nacionalismo artístico como uma introspeção etnocêntrica, mas como um modo aberto de pensar que não via nenhum problema em contatos com outras culturas para assegurar a renovação arquitetural.

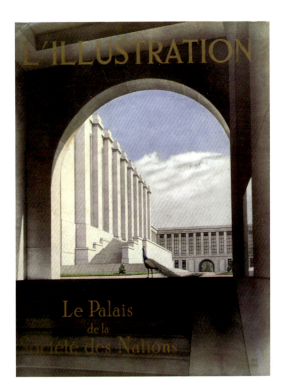

O Palácio da Sociedade das Nações, em Genebra/El Palacio de la Sociedad de las Naciones, en Ginebra, Broggi, Flegenheimer, Lefèvre & Vágó, arquitetos/arquitectos, 1926-1938.

Il Pallazo della Civilita Italiana construído prevendo a Exposição Universal de Roma de 1942, Guerini, Padula, Romano & Bozzetto, arquitetos, 1938-1039.
Il Pallazo della Civilita Italiana construido previendo la Exposición Universal de Roma de 1942, Guerini, Padula, Romano & Bozzetto, arquitectos, 1938-1939.

Museu de Belas-Artes de Filadelfia/Museo de Bellas Artes de Filadelfia, Trumbauer, Zantzinger, Bory & Medary, arquitetos/arquitectos, 1911- 1928.

Palais de Chaillot, Paris, Azema, Boileau & Carlu, arquitetos/arquitectos, 1937.

Para Le Corbusier, que foi durante as décadas de 20-30 um adversário feroz de Vágó no negócio do Palácio das Nações, *os estilos são uma mentira.* Ele vê-os como *uma ordem de sentido, respeitosa e servil perante o passado.* E, para argumentar, cita, entre os projetos parisienses que ele estima serem os mais deploráveis, a Gare D'Orsay de Victor Laloux (1898) e o novo Cercle Militaire da praça Saint-Augustin, em Paris, uma obra maior de Charles Lemarisquier (1927). Numa audaciosa mistura de estilos, ele opõe-lhes as linhas funcionais dos transatlânticos, dos comboios e dos aviões. As duas construções não são menos notáveis e participam do embelezamento de Paris. E deve-se admitir que o grande hotel moderno, que o grande arquiteto projetará mais tarde no lugar da Gare D'Orsay, seria, pela sua indiferença ao lugar e à história, desfigurado e banalizado, de repente, nas margens do Sena. O arquiteto poeta, autor de impressionantes casas brancas, o utopista que, em desenhos admiráveis, imagina a cidade futura feita de torres no meio do verde, deixa-se cair na armadilha do moralismo e fecha-se numa intransigência que vai até ao namoro com um poder duvidoso e à publicação, em 1943, de uma carta que queria que fosse *uma injunção a pensar direito.* A Carta de Atenas, que se tornou, para muitos profissionais, um texto fundador, apesar do seu absurdo presunçoso, ao pretender ajustar os problemas urbanos fora do debate de ideias.

A rejeição dos estilos como uma das fontes históricas da criação arquitetónica explica-se através de muitos fatores: o desgaste dos próprios estilos por um uso abusivo e irracional, a perda das referências morais e sociais a eles associadas, o facto de já não serem ensinados; mais geralmente por uma atitude de rejeição convencional e conformista que faz da burguesia, dos estilos e do regionalismo os responsáveis de todas as frustrações da arquitetura moderna desde há mais de cinquenta anos. As críticas incessantes e venenosas de que são sempre objeto fazem, por outro lado, pensar que ainda tenham, talvez, um futuro. Os campos de ação dos estilos e do regionalismo são hoje limitados na Europa quase

Novos imóveis, Praça Hassan II em Settat, Marrocos/Nuevos edificios, Praça Hassan II, Settat, Marruecos, Aimé Kakon, arquiteto/ arquitecto, 1986-1995.

tres libre de convenciones respetables. Hoy, en la sociedad europea, un comportamiento como este y muchos otros condenados antiguamente como inmorales pasan desapercibidos. Sin embargo, una mayoría de arquitectos y críticos de arquitectura continúan oponiéndose, como vírgenes asustadas, a la idea de un regreso a los estilos arquitecturales.

Para Quatremère de Quincy, el *estilo en los monumentos del arte de construir indica lo que forma el trazo característico del gusto local de cada país, de manera que casi nadie pueda confundirse* (Diccionario Histórico de Arquitectura, 1832). Más cerca de nosotros, el arquitecto József Vágó (1877-1947), gran europeo antes de tiempo y sediento de justicia social, percibe en el nacionalismo político una calamidad y en el nacionalismo artístico una necesidad imperiosa. Vágó se formó en la escuela de Ödon Lechner (1845-1914), uno de los principales iniciadores del estilo nacional húngaro que defendía una «fecundación cruzada» entre el estilo del alto Renacimiento francés y el arte rural de la Transilvania. Como su maestro, Vágó no concebía el nacionalismo artístico como una introspección etnocéntrica, sino como una manera abierta de pensar que no veía ningún problema en contactos con otras culturas para asegurar la renovación arquitectural.

Para Le Corbusier, que fue durante las décadas de 1920-1930 un adversario feroz de Vágó en el caso del Palacio de las Naciones, *los estilos son una mentira.* Él los ve como *una orden de sentido, respetuosa y servil ante el pasado.* Y, para argumentar, menciona, entre los proyectos parisienses que estima ser los más deplorables, la Gare D'Orsay de Victor Laloux (1898) y el nuevo Cercle Militaire de la plaza Saint-Augustin, en París, una obra importante de Charles Lemarisquier (1927). En una audaz mezcla de estilos, se opone a las líneas funcionales de los trasatlánticos, de los trenes y de los aviones. Las dos construcciones no son menos notables y participan del embellecimiento de París. Y tiene que admitirse que el gran hotel moderno, que proyectará más tarde el gran arquitecto en el lugar de la Gare D'Orsay, sería, por su indiferencia al lugar y a la historia, desfigurado y banalizado, de pronto, en las orillas del río Sena. El arquitecto poeta, autor de

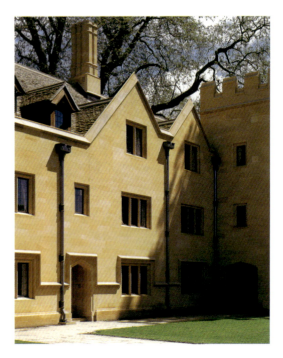

Grove Quadrangle, Magdalen College, Oxford, Grã-Bretanha, Porphyrius associates, arquitetos/arquitectos, 1994.

exclusivamente à casa individual e a um vocabulário formal que se esgota muitas vezes na caricatura.

Mas o aumento do mau gosto é menos reprovável àqueles que, quer se queira ou não, se esforçam por responder à demanda do público, do que aos intolerantes que condenam sem apelo nem agravo os estilos e os regionalismos, ao proibir a sua aprendizagem nas escolas e censurando-os nas publicações. Estes, para florescer, devem evoluir e adaptar-se à sua época, permanecendo em movimento com as sociedades que ilustram. A exemplo do que se passou em França entre as duas guerras, em que os arquitetos tiveram uma contribuição notável para o seu desenvolvimento, atingindo por vezes, como aconteceu com a Arte Déco ou com o neobasco, um reconhecimento e uma difusão mundial.

Em que estilo construir é sempre a primeira questão que me vem à cabeça quando sou confrontado com um projeto de arquitetura. Que ambiente construído seria mais agradável para os que vão ser convidados a viver aqui? Qual é o estilo mais apropriado ao contexto? Cada estilo corresponde efetivamente a um ambiente, a uma atmosfera. Assim, as referências medievais a empenas e tabiques de madeira não são necessariamente evidentes quando se trata de criar uma avenida em que se preferirá recorrer ao estilo haussmanniano, à Arte Déco ou ao modernismo moderado da década de 30. A escolha do estilo faz-se também em função dos códigos que o estruturam. A Arte Déco, por exemplo, fala de uma sociedade que aspira simultaneamente à ordem e ao movimento, associando colunas sem capitéis e decorações feitas de linhas quebradas, ou linhas que apelem à velocidade, aos desportos mecânicos, ao naturismo.

Se, como arquiteto, a minha primeira reação é sempre ir no sentido dos meus estilos preferidos, que são a Arte Déco neoegípcia, o neobasco e o Estilo Espanhol, também conhecido como estilo mediterrânico, é o ambiente físico,

Edifício de escritórios em Birmingham, Grã-Bretanha/Edifícios de oficinas, Birmingham, Gran Bretaña, Porphyrios associates, arquitetos/arquitectos, 1995.

impresionantes casas blancas, el utopista que, en admirables dibujos, imagina la ciudad futura hecha de torres en medio del verde, se deja caer en la trampa del moralismo y se cierra en una intransigencia que va hasta el enamoramiento con un poder dudoso y a la publicación, en 1943, de una carta que quería que fuera *una imposición a pensar con claridad*. La Carta de Atenas que se volvió, para muchos profesionales, un texto fundador, a pesar de su absurdo presuntuoso, al pretender ajustar los problemas urbanos fuera del debate de las ideas.

El rechazo de estilos, como una de las fuentes históricas de la creación arquitectural, se explica a través de numerosos factores: el deterioro de los estilos mismos por un uso abusivo e irracional, la pérdida de las referencias morales y sociales a ellos asociadas, el hecho de que no se enseñan; más generalmente por una actitud de rechazo convencional y conformista que hace de la burguesía, de los estilos y del regionalismo los responsables de todas las frustraciones de la arquitectura moderna desde hace más de cincuenta años. Las críticas incesantes y venenosas de que son siempre objeto hacen, por otra parte, pensar que tal vez tengan aun un futuro. Los campos de acción de los estilos y del regionalismo son hoy limitados en Europa casi exclusivamente a la casa individual y a un vocabulario formal que se agota muchas veces en las caricaturas.

Pero el aumento de mal gusto es menos reprobable para los que, queramos o no, se esfuerzan por responder a la demanda del público, que a los intolerantes que condenan irremediablemente los estilos y regionalismos, al prohibir su aprendizaje en las escuelas y censurándolos en las publicaciones. Estos, para florecer, deben evolucionar y adaptarse a su época, permaneciendo en movimiento con las sociedades que ilustran. A ejemplo de lo que pasó en Francia entre las dos guerras, donde los arquitectos tuvieron una contribución notable para su desarrollo, llegando a veces, como pasó con el Arte Déco o con el neovasco, a obtener un reconocimiento y difusión mundial.

En que estilo construir es siempre la primera cuestión que me pasa por la cabeza cuando soy confrontado con un proyecto de arquitectura. ¿Qué ambiente

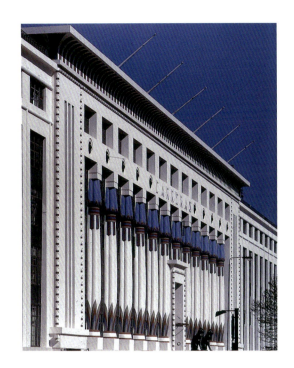

Antiga fábrica de cigarros Craven A em estilo Arte Déco neoegípcio, Camden Town, Londres, A. G. Porri, Marcus E. & Owen Hyman Collins, arquitetos, 1928.
Antigua fábrica de cigarrillos Craven A al estilo Arte Déco neo-egipcio, Canden Town, Londres, A. G. Porri, Marcus E. & Owen Hyman Collins, arquitectos, 1928.

construido seria más agradable para los que van a ser invitados a vivir aquí? ¿Cuál es el estilo más apropiado a este contexto? Cada estilo corresponde efectivamente a un ambiente, a una atmosfera. Así, las referencias medievales a hastiales y tabiques de madera no son necesariamente evidentes cuando se trata de crear una avenida donde se puede preferir tener recursos al estilo *haussmaniano*, al Arte Déco o al modernismo moderado de la década de 1930. La elección del estilo se hace también en función de los códigos que lo estructuran. El Arte Déco, por ejemplo, habla de una sociedad que aspira simultáneamente al orden y al movimiento, asociando columnas sin capiteles y decoraciones hechas de líneas quebradas o líneas que apelan a la velocidad, a los deportes mecánicos, al naturismo. Si, como arquitecto, mi primera reacción es siempre ir en el sentido de mis estilos preferidos que son el Art Déco neo-egipcio, o neovasco y el Estilo Español, también conocido como estilo mediterráneo, es el ambiente físico, histórico, social, económico que enseña o presenta los elementos de respuesta. Al construir en la región de Touqet, optaré por un estilo neo-normando en la versión desarrollada por Louis Quételart entre las dos guerras y adaptaré el empobrecimiento actual del modo de construcción a los materiales disponibles, a las normas y reglamentaciones de todo tipo, y a los medios de los futuros ocupantes.

¿Pero aun podremos pensar razonablemente la arquitectura en términos de estilos mientras que la evolución de las relaciones sociales ha hecho explotar la unidad de las sociedades, el mestizaje se ha impuesto como una condición de la vida moderna, las periferias viven un caos urbano sin precedentes y el individualismo impera? Fue la consciencia de este cambio radical que facilitó el funcionalismo que, eliminando la intención artística, ha puesto la tónica en las formas resultantes de la estricta aplicación de los programas, la separación de las actividades humanas y de la exposición al sol, que engendraría la desintegración de los volúmenes compactos tradicionales y de los alineamientos urbanos. Después de la Segunda Guerra Mundial, la arquitectura moderna no supo o no ha podido superar esta ruptura de la ciudad y tuvo que limitarse a sobreponer una

Casa em Marraquexe, Marrocos/ Casa en Marrakech, Marruecos, Charles Boccara, arquiteto/arquitecto.

histórico, social, económico que mostra ou precisa os elementos de resposta. Ao construir na região de Touquet, optarei por um estilo neonormando na versão desenvolvida por Louis Quételart entre as duas guerras e adaptarei o empobrecimento atual do modo de construção aos materiais disponíveis, às normas e regulamentações de todo o género, aos meios dos futuros ocupantes.

Mas será que ainda podemos pensar razoavelmente a arquitetura em termos de estilos enquanto a evolução das relações sociais fez explodir a unidade das sociedades, a mestiçagem se impôs como uma condição da vida moderna, as periferias vivem um caos urbano sem precedentes e o individualismo impera? Foi a consciência desta mudança radical que deu lugar ao funcionalismo que, eliminando a intenção artística, pôs a tónica nas formas resultantes da estrita aplicação dos programas, da separação das atividades humanas e da exposição ao sol, que engendraria a desintegração dos volumes compactos tradicionais e dos alinhamentos urbanos. Após a Segunda Guerra Mundial, a arquitetura moderna não soube ou não pôde superar esta rutura da cidade e teve de se limitar a sobrepor uma dimensão artística e onírica, fazendo do estilo uma questão pessoal, sem ligação com as aspirações de uma classe social ou dos gostos estéticos do público refinados pela multiplicação de revistas dedicadas ao estilo de vida.

Hoje, no início do século XXI, a arquitetura, tal como é mostrada nas revistas profissionais, quer-se universal e separada dos enraizamentos locais regionais e nacionais, mas de uma maneira abstrata e conceptual. O vocábulo estilo, quando é utilizado, já não evoca senão qualquer coisa vaga, desligada de toda a qualidade moral. Contudo, cada capital, cada região europeia, nunca deixa de apresentar as suas especificidades, as suas tradições, tanto culinárias como arquiteturais. Portanto, se queremos evitar tanto o domínio do mau gosto como a complacência arqueológica, não podemos fazer a economia de uma reflexão sobre as questões

Pavilhão do México na Exposição ibero-americana de Sevilha/
/Pabellón de México en la Exposición Iberoamericana de Sevilla,
1929, Manuel Amabilis, arquiteto/arquitecto.

dimensión artística y onírica, haciendo del estilo una cuestión personal, sin conexión con las aspiraciones de una clase social o de los gustos estéticos del público refinados por la multiplicación de revistas dedicadas al estilo de vida.

Hoy, al inicio del siglo XXI, la arquitectura, tal como es enseñada en las revistas profesionales, se quiere universal y separada de los enraizamientos locales regionales y nacionales, pero de una manera abstracta y conceptual. El vocablo estilo, cuando es utilizado, evoca tan sólo algo muy indefinido, desconectado de toda cualidad moral. Sin embargo, cada capital, cada región europea, nunca deja de presentar sus especificidades, sus tradiciones, sean culinarias o arquitecturales. Por lo tanto, si queremos evitar tanto el dominio del mal gusto como la complacencia arqueológica, no podemos hacer economía de una reflexión sobre las cuestiones del estilo y del regionalismo. A saber, colocándonos en una visión europea; la misma que József Vágó anticipara con su defensa a favor del nacionalismo artístico.

NI MAESTROS NI DISCÍPULOS

Hemos visto, con el modernismo y funcionalismo, los daños que provoca el sectarismo en la arquitectura. En el umbral de este nuevo periodo que parece abrirse a la ciudad, debemos estar alerta, sabemos que los discípulos arruinan muchas veces las mejores causas. Y la expresión *Oh, Dios mío, protégeme de mis amigos, porque de mis enemigos me encargo yo* no ha perdido su actualidad.
Con otras palabras, ¿cómo mantenerse alejado de las certezas y quedar atento al vuelo maravilloso del pensamiento? Dejemos que el ángel de la fantasía nos acaricie. La respuesta está, creo, en la propia cuestión, es necesario tener consciencia en todo momento, lo que implica sospechar de todos los reflejos condicionados. Y a esta consciencia es necesario evidentemente estimular, mimar, provocar. Y este es un asunto estrictamente personal, una cuestión de recetas.

Projeto de edifício em Bruxelas concebido segundo os critérios do Alto Valor Ambiental, Atelier d'Art Urbain, arquitetos, 2005.
Proyecto del edificio en Bruselas concebido segundo los criterios de Alto Valor Ambiental, Atelier d'Art Urnain, arquitectos, 2005.

do estilo e do regionalismo. Nomeadamente, colocando-os numa visão europeia; a mesma que József Vágó antecipara com a sua defesa a favor do nacionalismo artístico.

NEM MESTRES NEM DISCÍPULOS

Vimos, com o modernismo e o funcionalismo, os danos que provoca o sectarismo na arquitetura. No limiar deste novo período que parece abrir-se para a cidade, devemos estar alerta, sabemos que os discípulos arruínam muitas vezes as melhores causas. E a expressão *Oh, meu Deus, protege-me dos meus amigos, porque dos meus inimigos encarrego-me eu* não perdeu a sua atualidade.

Por outras palavras, como manter-se afastado das certezas e ficar atento ao voo maravilhoso do pensamento? Deixemos que o anjo da fantasia nos acaricie. A resposta está, creio, na própria questão, é preciso ter consciência a todo o momento, o que implica desconfiar de todos os reflexos condicionados. E esta consciência é necessário evidentemente estimular, mimar, provocar. Este é um assunto estritamente pessoal, uma questão de receitas.

E uma vez que a troca de receitas de cozinha participa da emulação culinária e convivial, confio-vos as minhas a título puramente pessoal: confundir a vida e a ficção (ao mesmo tempo uma alavanca de ação e uma fonte de contratempos!), andar na cidade (e não esquecer abraçar as fachadas meritórias), reservar tempo para os cocktails (para as suas virtudes conviviais e porque as aprecio), cantar fora de tom e fazer com que os amigos o acompanhem, dançar muito (o segredo da longevidade lúcida de Pierre Barbe que acaba de morrer com 104 anos), fazer misturas estilísticas (greco-andaluz, neoegípcio-Arte Déco, neobasco moderno…).

Y una vez que el cambio de recetas de cocina participa de la emulación culinaria y convival, os dejo las mías a título puramente personal: confundir la vida y la ficción (¡al mismo tiempo una palanca de acción y una fuente de contratiempos!), pasear en la ciudad (y no olvidar abrazar las fachadas meritorias), reservar tiempo para los cócteles (para sus virtudes convivales y porque las aprecio), cantar fuera de tono y hacer que los amigos nos acompañen, bailar mucho (secreto de la longevidad lucida de Pierre Barbe que acaba de morir con 104 años), hacer mezclas estilísticas (greco-andaluz, neo egipcio-Art Déco, neovasco moderno…).

Por último, insistiré en la lectura que abre las puertas del sueño y de la nostalgia eficaz. Al fin y al cabo, los escritores son como arquitectos, componen y articulan materiales diversos, la diferencia entre los dos oficios es tan sólo una cuestión de ligereza y disponibilidad.

Aprecio particularmente las novelas de autores que se mantinen en equilibrio en la cresta: *Il Sole è cieco* de Malaparte (donde la belleza del idioma, la poesía de los Alpes y la ternura transcienden a la guerra), *Vie de Roncé* de Chateaubriand (*Es la voz del genio de todos tipos que habla en el túmulo de Louis; en el túmulo de Napoleón solamente se escucha su voz*), *Héliogabale ou l'anarchiste couronné* de Antonin Artaud (*si hay alrededor del cadáver de Héliogabale, muerte sin sepultura, y degollado por la guardia en las letrinas del palacio, una intensa circulación de sangre y de excrementos, hay alrededor de su cuna una intensa circulación de esperma*), *La Raison* de Pascal Quignard (*La reflexión racional es tal vez lo que se ha hecho más sentimental*), *Le feu follet* de Drieu la Rochelle (los últimos días de un ser engañado), de Victor Hugo, *L'homme qui rit* (por el buceo terrorífico en las tinieblas y por el recuerdo inolvidable de Gwynplaine) y *Quatre-vingt-treize* (por la descripción del salón de la Convención, de los *yaguares con buenos modales* y por que *las catástrofes tienen una tendencia oscura para resolver las cosas*), *El Libro de Job* (es, de todos los libros del Antiguo Testamento, el más audaz y el más enigmático. ¿Quien es Dios?, mejor, ¿Quién no es Dios?), *Bruges-la-Morte*

Finalmente, insistirei na leitura que abre as portas do sonho e da nostalgia eficaz. Ao fim e ao cabo, os escritores são como arquitetos, compõem e articulam materiais diversos, a diferença entre os dois ofícios é apenas uma questão de ligeireza e disponibilidade.

Aprecio particularmente os romances dos autores que se mantêm em equilíbrio na crista: *Il Sole è cieco* de Malaparte (onde a beleza da língua, a poesia dos Alpes e a ternura transcendem a guerra), *Vie de Rancé* de Chateaubriand (É a voz do génio de todos os tipos que fala no túmulo de Louis; no túmulo de Napoleão apenas se escuta a sua voz), *Héliogabale ou l'anarchiste couronné* de Antonin Artaud (*se há em volta do cadáver de Héliogabalo, morte sem sepultura, e degolado pela guarda nas latrinas do seu palácio, uma intensa circulação de sangue e de excrementos, há em volta do seu berço uma intensa circulação de esperma*), *La Raison* de Pascal Quignard (*A reflexão racional é talvez o que se tem feito de mais sentimental*), *Le feu follet* de Drieu la Rochelle (os últimos dias de um ser enganado), de Victor Hugo, *L'homme qui rit* (pelo mergulho terrífico nas trevas e pela lembrança inolvidável de Gwynplaine) e *Quatre-vingt-treize* (pela descrição da sala da Convenção, dos *jaguares com bons modos* e porque *as catástrofes têm uma tendência sombria para resolver as coisas*), *O Livro de Job* (é, de todos os livros do Antigo Testamento, o mais audacioso e o mais enigmático. Quem é Deus?, ou melhor, quem não é Deus), *Bruges-la-Morte* de George Rodenbach (Alfred Hitchcock foi ali buscar a matéria de *Vertigo*, com a inesquecível Kim Novak), *Sobre as Falésias de Mármore* de Ernst Jünger (narrativa apocalíptica que anuncia o *Führer* e os seus esbirros e onde se aprende que *não é nas nossas obras que vive a parte imperecível de nós próprios*), *Tempo di Roma* de Alexis Curvers (*todas as praças de Roma estão cheias de mau gosto e, no entanto, perfeitamente belas*), *Diotime* de Henry Bauchau (pelo amor de uma leoa com dois pés teria batido o coração d'Annunzio), *La route des Flandres* de Claude Simon (articulações e nodosidades que se relacionam com a grande arte arquitetural) e ainda *As Novas Confissões* de

O Fórum Romano reconstituído/El Fórum Romano reconstituido, A. Staccioli & A. Esquini.

William Boyd ou *Les particules élémentaires* de Michel Houellebecq (porque os seus anti-heróis, livres de qualquer ideologia e de qualquer compromisso político, reconciliam-nos eventualmente connosco). E, para concluir, deixo-vos com o poeta Paul-Jean Toulet, que encontrou a paz neste País Basco que é a minha pátria de adoção:

> *Prends garde à la douceur des choses.*
> *Lorsque tu sens battre sans cause*
> *Ton coeur trop lourd;*

> *Et que se taisent les colombes:*
> *Parle tout bas, si c'est d'amour,*
> *Au bord des tombes.*

Ruínas do Fórum Romano/Ruinas del Fórum Romano.

> *Tem cuidado com a doçura das coisas.*
> *Quando sentes agredir sem motivo*
> *O teu coração muito pesado;*

> *E que se silenciem as pombas:*
> *Fala baixo, se falas de amor,*
> *À beira das sepulturas.*

de George Rodenbach (Alfred Hitchcock puede ser la materia de *Vértigo* con la inolvidable Kim Novak), *Sobre los acantilados de mármol* de Ernst Jünger (narrativa apocalíptica anunciando el Führer y sus secuaces y donde se aprende que *no es en nuestras obras donde vive la parte imperecedera de nosotros mismos*), *Tempo di Roma* de Alexis Curvers (*todas las plazas de Roma están llenas de mal gusto y, sin embargo, perfectamente bellas*), *Diotime* de Henry Bauchau (por el amor de una leona con dos patas habría palpitado el corazón d'Annunzio), *La route des Flandres* de Claude Simon (articulaciones y enredos que se relacionan con el gran arte arquitectural) y aun *Las nuevas confesiones* de William Boyd o *Les particules élémentaires* de Michel Houellebecq (porque sus anti-héroes, libres de cualquier ideología y compromiso político, nos hacen reconciliar eventualmente con nosotros). Y, para concluir, os dejo con el poeta Paul-Jean Toulet que encontró paz en este País Vasco que es mi patria de adopción:

> *Prends garde à la douceur des choses.*
> *Lorsque tu sens battre sans cause*
> *Ton coeur trop lourd;*

> *Et que se taisent les colombes:*
> *Parle tout bas, si c'est d'amour,*
> *Au bord des tombes.*

> *Tiene cuidado con la dulzura de las cosas*
> *Cuando sientes agredir sin motivos*
> *Tu corazón muy pesado;*

> *Y que se callen las palomas:*
> *Habla bajo, si hablas de amor,*
> *Al borde de las sepulturas.*

Restauração da torre Massiliana na ilha de Sant'erasmo em Veneza/Restauración de la torre Massiliana en la isla de Sant'erasmo, Venecia, Carlo Cappai & Maria Alessandra Segantini, arquitetos/arquitectos, 1978.

UM ITINERÁRIO EUROPEU

À ESPERA DO COMETA OU A PROVA DOS 7

Philippe Rothier

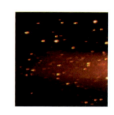

**AFTER THE GOLDEN SIXTIES
OU AQUELES POR QUEM OS SINOS DOBRAM**

Façam as vossas apostas, senhores, façam as vossas apostas senhores arquitetos…
E, como uma chusma, eles lançam-se nos caminhos batidos, na peugada do engodo que a sociedade industrial lhes estendia.
Façam as vossas apostas…
Cheirando os odores fétidos da mecanização e os eflúvios dos petrodólares, eles gritam a plenos pulmões para proclamar a sua individualidade, o seu génio inventivo e a sua liberdade de criação.
As apostas estão feitas…
Em todas as direções, eles disputam entre si a ilusão de liderar a rotina, deixando atrás de si um rasto de asfalto e de betão, prova da sua sabedoria que rapidamente fará da terra um planeta amortalhado.
Quinze preto ímpar salta…
Ganham poucas fichas de plástico e quase todos perdem a sua alma… porque o jogo está desvirtuado e o único que ganha é a banca.
Zero, tudo para a banca…

**AFTER THE GOLDEN SIXTIES
O AQUELLOS POR QUIÉN DOBLAN LAS CAMPANAS**

Hagan sus apuestas, señores, hagan sus apuestas señores arquitectos…
Y como una chusma, ellos se lanzan en los caminos trillados en la pista del cebo que les brindó la sociedad industrial.
Hagan sus apuestas…
Husmeando los olores fétidos de la mecanización y los efluvios de los petrodólares, ellos gritan en voz alta para proclamar su individualidad, su genio inventivo y su libertad de creación.
Las apuestas estás hechas…
En todas las direcciones, disputan entre ellos la ilusión de liderar la rutina, dejando atrás de si, un rastro de asfalto y de hormigón, prueba de su sabiduría que muy pronto hará de la tierra un planeta amortajado.
Quince negro impar y pasa…
Cogen pocas fichas de plástico y casi todos pierden su alma… porque el juego está desvirtuado y la única que gana es la banca.
Cero, todo para la banca…

ESPERANDO EL COMETA O LA PRUEBA DE LOS 7

Philippe Rothier

OS CÃES LADRAM E A CARAVANA PASSA || **LOS PERROS LADRAN Y LA CARAVANA PASA**

Alguns resistem à tentação e, ante o escárnio dos seus confrades, não tomam o caminho da ilusão de estar na última moda, mas pelo contrário, permanecem firmes na via da tradição que, apenas ela, nos permite manter alguma sabedoria perante a inflação de conhecimentos e de meios onde a acumulação de bens materiais não satisfaz plenamente o vazio espiritual.

Pouco preocupados com distrações passageiras, mantêm estreitos contactos com as raízes e através de um tronco comum como garantia de harmonia entre o passado e o futuro, entre o céu e a terra, constroem em silêncio uma obra que é um antídoto contra a amnésia.

Trabalhando para o bem de todos, conseguiram salvar a memória da arquitetura e, assim, adaptá-la ao futuro.

Sabem que depois da hora da destruição, chegou o tempo de reconstrução e que é necessário participar na construção de um mundo comum e harmonioso.

Algunos resisten a la tentación y bajo el escarnio de sus cofrades no toman el camino de la ilusión de estar a la última moda, pero al contrario permanecen firmes en la vía de la tradición que, sólo ella, nos permite mantener alguna sabiduría ante la inflación de conocimientos y de medios donde la acumulación de bienes materiales no satisface plenamente el vacío espiritual.

Poco preocupados con distracciones pasajeras, mantienen estrictos contactos con las raíces y a través de un tronco común, como garantía de armonía entre el pasado y el futuro, entre el cielo y la tierra, construyen en silencio una obra que es un antídoto contra la amnesia. Trabajando para el bien de todos han conseguido salvar la memoria de la arquitectura y, así, adaptarla al futuro.

Saben que después de la hora de la destruición, el tiempo de reconstrucción llegó y que es necesario participar en la construcción de un mundo común y armonioso.

O COMETA PASSOU EL COMETA PASÓ

Cinco anos passaram desde a apresentação do primeiro Prémio da Reconstrução. Eu evoquei o paralelo entre a passagem do cometa Halley e o surgimento de arquitetos corajosos, a trabalharem para o futuro e resistindo à tentação e aos engodos que lhes estendia a sociedade industrial.

A imprensa de 1983 falava dos *arquitetos loucos que, contra ventos e marés, querem reconstruir a cidade.*

Seriam elas assim tão loucos para já não se reconhecerem nas cidades viradas de pernas para o ar e ignorarem as cartas de Atenas e de Veneza, para oferecer hoje, ao olhar de todos, obras que devolvem o gosto pela cidade e que participam de um mundo comum e harmonioso?

Se, em 1986, o cometa mal iluminou o mundo, o exemplo do nosso Prémio manteve as suas promessas: luzes cada vez mais numerosas iluminam o mapa da Europa, anunciando o fim da destruição das cidades e dos campos do velho continente.

Cinco años pasaron desde la presentación del primer Premio de la Reconstrucción. Yo he evocado el paralelo entre el pasaje secreto del cometa Halley y el surgimiento de arquitectos valientes, trabajando para el futuro y resistiendo a la tentación y cebos que les brindaba la sociedad industrial.

La prensa de 1983 hablaba de *locos arquitectos que, contra vientos y mareas, quieren construir la ciudad.*

¿ Serían así tan locos de no se reconocerse en las ciudades volcadas boca abajo y de ignorar las cartas de Atenas y de Venecia, para ofrecer hoy, a la mirada de todos, obras que devuelven el gusto por la ciudad y que participan de un mundo común y armonioso?

Si, en 1986, el cometa mal iluminó el mundo, el ejemplo de nuestro Premio mantuvo sus promesas: luces cada vez más numerosas iluminan el mapa de Europa, anunciando el fin de la destrucción de las ciudades y campos del viejo continente.

SOMOS COMO ANÕES   IV   SOMOS COMO ENANOS
AOS OMBROS DE GIGANTES   A HOMBROS DE GIGANTES

Levados por gigantes – os arquitetos e artesãos clarividentes e generosos que nos precederam e que fizeram a grandeza e a beleza das nossas cidades – nós conseguimos ver ao longe e encontramos a memória da arquitetura para construir um futuro no qual reconheceremos a cidade europeia.

Pequenos anões, apoiamo-nos nas mil e uma invenções (inventor = aquele que encontra um tesouro) mil e uma vezes repetidas e cada vez pela primeira vez. Empoleirados sobre esta experiência, nós vimos o nascimento da Europa onde a arquitetura é a do lugar, onde as coisas têm o gosto do que elas são.

Esforçamo-nos por libertar e redescobrir a memória da arquitetura. Somos, assim, os defensores da cidade invadida pelos génios da desmesura, demiurgos de um mundo que cresceu rapidamente e que rapidamente passou de moda.

Llevados por gigantes – los arquitectos y artesanos clarividentes y generosos que nos precedieron y que hicieron la grandeza y belleza de nuestras ciudades – nosotros conseguimos ver a lo lejos y encontramos la memoria de la arquitectura para construir un futuro en el que reconoceremos la ciudad europea.

Pequeños enanos, nos apoyamos en las mil y una invenciones (inventor = aquel que encuentra un tesoro) mil y una veces repetidas y cada vez como si fuera la primera. Encaramados en esta experiencia, hemos visto el nacimiento de Europa donde la arquitectura es al lugar, donde las cosas tienen el gusto de lo que ellas son.

Nos esforzamos por liberar y redescubrir la memoria de la arquitectura. Somos, así, los defensores de la ciudad invadida por los genios de la desmedida, demiurgos de un mundo que creció rápidamente y que verdaderamente pasó de moda.

ELES MEDIRAM OS MATERIAIS À ESCALA HUMANA:
EM POLEGADAS, PÉS, CÔVADOS E EM PASSOS.
O HABITAT ESTAVA DE ACORDO COM O HABITANTE

V

ELLOS MEDIERON LOS MATERIALES A ESCALA HUMANA:
EN PULGADAS, PIES, CODOS Y EN PASOS.
EL HABITAT ESTABA DE ACUERDO CON EL HABITANTE

A «primeira pedra» da estação espacial é colocada, verdadeira torre de Babel do espaço onde o homem escapa à gravidade, um ato real fundador, mito do século, revela-nos a Terra como um mundo finito, muito pequeno, de recursos limitados, que deve ser gerido globalmente. Neste universo, a nossa imagem do mundo está virada ao contrário. Os nossos sentidos, submetidos a uma nova iniciação – a das redes virtuais – estão em busca de uma continuidade que apenas se pode encontrar no seio dos nossos arquétipos e de uma necessidade imperiosa de habitar o mundo como nosso *habitat*, e que é simultaneamente abrigo para o corpo e residência para o espírito, estabelece a ordem a partir de um ponto no universo circundante.

Poderemos encontrar nestes espaços resultantes um jardim do Éden em que a arquitetura do país, feita de materiais e formas do lugar, dará a impressão de ter sempre existido? Restituir-nos-á finalmente o nosso lugar entre o céu e a terra, tanto à cidade como ao campo, num mundo unitário e diverso. Podemos sonhar qualquer coisa que seja melhor.

La «primera piedra» de la estación espacial es colocada, verdadera torre de Babel del espacio donde el hombre escapa a la gravedad, un acto real fundador, mito del siglo, nos revela la tierra como un mundo finito, muy pequeño, de recursos limitados, que debe ser gestionado globalmente. En este universo, nuestra imagen del mundo está boca abajo. Nuestros sentidos, sometidos a una nueva iniciación – de las redes virtuales – están en busca de una continuidad que sólo se puede encontrar en el seno de nuestros arquetipos y de una necesidad imperiosa de habitar el mundo como nuestro hábitat, y que es simultáneamente cobijo para el cuerpo y residencia para el espíritu, establece el orden a partir de un punto en el universo circundante.

¿Podremos encontrar en estos espacios resultantes un jardín del Edén donde la arquitectura del país, hecha de materiales y formas del lugar, dará la impresión de haber existido siempre? Nos restituirá por fin nuestro lugar entre el cielo y la tierra, tanto a la ciudad como al campo, en un mundo unitario y diverso.

Podremos soñar cualquier cosa que sea mejor.

VI

OU O EFEITO BORBOLETA EXIGE-NOS
PENSAR GLOBALMENTE E AGIR LOCALMENTE

O EL EFECTO MARIPOSA NOS EXIGE
PENSAR GLOBALMENTE Y ACTUAR LOCALMENTE

Depois da apropriação da cidade perpetrada durante várias décadas por aqueles que estavam convencidos das suas certezas... o avatar escapou-se-lhes das mãos, convertendo o seu sonho de um mundo uniforme num pesadelo em que as megalópoles de subúrbios infinitos estendiam os seus tentáculos ao pé de novas torres de ferro e de vidro que se erguiam bem alto para defender os privilégios de predadores ávidos, reduzindo as metrópoles históricas a tristes vitrinas de modas efémeras. E o meu tudo, uma terra inteira saqueada por um «desenvolvimento insustentável».

Após as catástrofes da guerra mundial na paisagem e nas culturas que criou, é necessário uma reconciliação com a medida e com o passado, reconverter esta energia maligna e violadora, que é a globalização, numa indústria de paz. Devemos depor as nossas armas de destruição massiça e brandir a bandeira do pacto de aliança com a natureza. Dos escombros irá nascer em paz um arquiteto da paz, que se reconcilia com o génio local e porá um fim à extinção da paisagem, à memória do lugar.

Después de la apropiación de la ciudad perpetrada durante varias décadas por aquellos que estaban convencidos de sus certezas... el avatar se les fue de las manos, convirtiendo su sueño de un mundo uniforme en una pesadilla donde las megalópolis de suburbios infinitos extendían sus tentáculos al lado de nuevas torres de hierro y de cristal que se erguían bien alto para defender los privilegios de ávidos predadores, reduciendo las metrópolis históricas en tristes escaparates de modas efímeras. Y mi todo, toda una tierra saqueada por un «desarrollo insostenible».

Después de las catástrofes de la guerra mundial en el paisaje y en las culturas que creó, es necesaria una reconciliación con la medida y con el pasado, reconvertir esta energía maligna y violadora, que es la mundialización, en una industria de paz. Debemos deponer nuestras armas de destruición masiva y blandir la bandera del pacto de alianza con la naturaleza. De los escombros irá a nacer en paz un arquitecto de la paz, que se reconcilia con el genio local y pondrá fin a la extinción del paisaje, en memoria del lugar.

OS COMETAS PASSAM E A MESA ESTÁ PRONTA VII LOS COMETAS PASAN Y LA MESA ESTÁ LISTA

Eu respondo pessoalmente pela alta qualidade destas arquiteturas, realizadas no presente, sustentadas no passado, e que são uma promessa para o futuro. Foram traçadas cuidadosamente segundo um saber milenar com materiais naturais e apropriados para assegurar a solidez, a permanência, a beleza e a comodidade.

Louvemos estes arquitetos que durante quase um quarto de século foram capazes de resistir às aberrações e elucubrações da arquitetura industrializada para trabalhar e salvar na continuidade o génio da construção artesanal e tradicional que, desde há milhares de anos, serviu cada geração. Ela tem uma variedade de aplicações. É bela. É sensível. É durável. Por que razão quereríamos fazer outra coisa?

Um outro mundo está em vias de nascer no firmamento. Ponhamos fim à pilhagem do nosso planeta, dos seus recursos, das suas culturas, dos seus modos de vida e de fazer e asseguremos-lhe um futuro onde possamos desfrutar das suas diversidades, preparemos a mesa, estendamos as grinaldas de país a país e celebremos o mundo.

Yo respondo personalmente por la alta calidad de estas arquitecturas, realizadas en el presente, sustentadas en el pasado, y que son una promesa para el futuro. Fueron trazadas cuidadosamente segun un saber milenario con los materiales naturales y apropiados para asegurar la solidez, la permanencia, la belleza y la comodidad.

Enaltezcamos estos arquitectos que durante casi un cuarto de siglo fueron capaces de resistir a las aberraciones y elucubraciones de la arquitectura industrializada para trabajar y salvar en la continuidad el genio de la construcción artesanal y tradicional que, desde hace miles de años, ha servido a cada generación. Ella tiene una variedad de aplicaciones. Es bella. Es sensible. Es durable. ¿Porque razón pretenderíamos hacer otra cosa?

Otro mundo está en vías de nacer en el firmamento. Pongamos un fin al pillaje de nuestro planeta, de sus recursos, de sus culturas, de sus modos de vida y de hacer y asegurémosle un futuro donde podamos disfrutar de sus diversidades, preparemos la mesa, extendamos las guirnaldas de país a país y celebremos el mundo.

PRÉMIO EUROPEU DE ARQUITETURA

PHILIPPE ROTHIER

Para a reconstrução da cidade

PHILIPPE ROTHIER
PREMIO EUROPEO DE ARQUITECTURA

Para la reconstrucción de la ciudad

1982

A INTOLERÂNCIA DO PLURALISMO

Apesar de todos os sinais de regressão apocalíptica da humanidade, constatamos por vezes, e por acaso, como progressos importantes poderiam parecer fortuitos. Se hoje em dia há tantos inimigos da cultura clássica, há por outro lado muito poucos inimigos da ideia de *tradição*. É um dado inegável e revolucionário. Os advogados da tábua rasa tornaram-se extremamente raros. Em vez disso, mudaram de estilo e reclamam sem hesitar a sua própria «tradição». Sem medo do ridículo, o anti-historicismo faz tudo para se alinhar com as grandes culturas históricas. Além disso, acusam-nos de ser os novos representantes do anti-historicismo, uma vez que rejeitamos quarenta anos de «tradição» moderna. Esquecem que se há uma grande arte de cozinhar com os restos, não é menos verdade que após a refeição a mesa deve ser levantada. Um grande *chef* observou que um prato nunca pode ser melhor do que o menos bom dos seus ingredientes; por que razão deveríamos estragar os nossos prazeres? Não é curioso que as mesmas pessoas que continuam a atabalhoar os pratos e a quebrá-los nos acusem de fazer *tábua rasa*, de faltar ao respeito ao seu lixo?

Na panóplia de grandes e medíocres tradições, a inteligência saberá, mais cedo ou mais tarde, fazer a sua escolha.

Num mundo confuso, a busca de transparência parecerá um empreendimento fútil para a grande massa dos cidadãos. Até hoje,

LA INTOLERANCIA DEL PLURALISMO

Apesar de todas las señales de regresión apocalíptica de la humanidad, constatamos a veces y por casualidad cómo progresos importantes podrían parecer fortuitos. Si hoy hay tantos enemigos de la cultura clásica, hay, por otra parte, muy pocos enemigos de la idea de *tradición*. Es un dato innegable y revolucionario. Los abogados de la tabla rasa se volvieron extremadamente raros. En lugar de eso, cambiaron el estilo y reclaman sin dudar su propia «tradición». Sin miedo al ridículo, el anti-historicismo hace todo para alinearse con las grandes culturas históricas. Además, nos acusan de ser los nuevos representantes del anti-historicismo una vez que rechazamos cuarenta años de *«tradición» moderna*. Olvidan que si hay un gran arte de cocinar con los restos, no es menos verdad que después de una comida la mesa debe ser levantada. Un gran *chef* observó que un plato nunca puede ser mejor que el menos bueno de sus ingredientes; ¿por qué razón deberíamos maltratar a nuestros placeres? ¿No es curioso que las mismas personas que continúan chapuceando los platos y rompiéndolos nos acusen de hacer *tabla rasa,* de faltar al respecto a su basura?

En la panoplia de grandes y mediocres tradiciones, la inteligencia sabrá, tarde o temprano, hacer su elección.

En un mundo confuso, la búsqueda de transparencia podrá parecer un emprendimiento fútil para la gran mayoría de los ciudadanos.

o Ocidente adulou os seus génios por estarem sempre além do imaginável. No futuro, bem poderá venerá-los por buscar a medida das coisas, por redescobrir as nossas possibilidades e os nossos limites.

Hasta hoy, el Occidente aduló a sus genios por estar siempre más allá del imaginable. En el futuro, podría muy bien venerarlos por buscar la medida de las cosas, por redescubrir nuestras posibilidades y nuestros límites.

Léon Krier

QUINLAN TERRY

HERDADE DE NEWFIELD, GRÃ-BRETANHA

Com a construção da herdade agrícola de Newfield, Quinlan Terry reata uma tradição palladiana da casa de campo concebida como o centro de uma exploração incluindo construções utilitárias.
Aqui, o celeiro e os estábulos são colocados de um lado e do outro do eixo da composição principal. As paredes da casa são construídas em pedra de Yorkshire apanhadas no campo ou provenientes de antigos muros divisórios.

GRANJA DE NEWFIELD, GRAN BRETAÑA

Con la construcción de la granja agrícola de Newfield, Quinlan Terry reanuda una tradición palladiana de la casa de campo concebida como centro de una exploración incluyendo construcciones utilitarias.
Aquí, el granero y los establos son colocados a un lado y otro del eje de la composición principal. Las paredes de la casa son construidas en piedra de Yorkshire recogidas en el campo o provenientes de antiguos muros divisorios.

CHRISTIAN LANGLOIS

RECONSTRUÇÃO DA ENVOLVENTE DA CATEDRAL DE ORLEÃES, FRANÇA

O conjunto de trabalhos de reconstrução da praça da catedral compreende os parques de estacionamento subterrâneos, o arranjo do adro e das cercanias e a execução de quatro edifícios principais: Governo Civil, Câmara Municipal, Museu de Belas-Artes, o novo Conservatório. Fachadas em pedra de cantaria de Saint-Maximin, arcadas térreas em pedra maciça.

RECONSTRUCCIÓN DE LAS INMEDIACIONES DE LA CATEDRAL DE ORLEÁNS, FRANCIA

El conjunto de trabajos de reconstrucción de la plaza de la catedral comprende los aparcamientos subterráneos, el arreglo del atrio y de las inmediaciones y la ejecución de cuatro edificios principales: Gobierno civil, Ayuntamiento, Museo de Bellas Artes, el nuevo Conservatorio. Fachadas en piedra de cantería de Saint-Maximin, arcadas terreas en piedra maciza.

MANUEL MANZANO-MONIS

RECONSTRUÇÃO DE FUENTERRABIA, ESPANHA

Foi em 1951 que Manuel Manzano-Monis, em colaboração com o arquiteto Pedro Muguruza Uñano, executou o primeiro Plano de Ordenamento de Fuenterrabia. Após vinte anos de empenho, 26 casas serão finalmente reconstruídas e reabilitadas muitas outras.

O recurso constante de Manzano-Monis aos métodos tradicionais vai proporcionar ao arquiteto a possibilidade de se rodear dos melhores artesãos, vindos de toda a Espanha para participar na reconstrução da vila. Graças a esta colaboração excecional, todos os elementos como rampas, varandas, miradouros, consolas, modilhões, molduras, serão redesenhados um a um e executados na sua matéria de origem. Uma fábrica de tijolo será construída e as pedras cortadas no próprio lugar.

RECONSTRUCCIÓN DE FUENTERRABÍA, ESPAÑA

Fue en 1951 que Manuel Manzano-Monis, en colaboración con el arquitecto Pedro Muguruza Uñano, ejecuta el primer Plano de Ordenamiento de Fuenterrabía. Tras veinte años de esfuerzo, 26 casas serán finalmente reconstruidas y rehabilitadas muchas otras.

El recurso constante de Manzano-Monis a los métodos tradicionales va a proporcionar al arquitecto la posibilidad de rodearse de los mejores artesanos venidos de toda España para participar en la reconstrucción de la villa. Gracias a esta reconstrucción excepcional, todos los elementos como rampas, balcones, miradores, consolas, modillones, molduras, serán redibujados uno a uno y ejecutados en su materia de origen. Una fábrica de ladrillo será construida y las piedras cortadas en su mismo lugar.

DANIEL LELUBRE

RECONSTRUÇÃO DO BAIRRO DA TORRE, EM THUIN, BÉLGICA

O centro histórico da cidade, empoleirado no cimo de um promontório, despovoava-se em benefício da planície circundante. Para relançar a dinâmica urbana, as casas em ruínas situadas na proximidade da torre foram demolidas e em seu lugar construiu-se um novo bloco. Compreende casas, um museu local e regional, um café e a entrada de uma nova sala de espetáculos situada sob a praça que está em frente da torre e das arcadas.

RECONSTRUCCIÓN DEL BARRIO DE LA TORRE, THUIN, BELGICA

El centro histórico de la ciudad, encaramado en un pico de promontorio, se despoblaba en beneficio de la planicie circundante. Para relanzar la dinámica urbana, las casas en ruinas situadas en la proximidad de la torre fueron demolidas y un nuevo bloque construido en su lugar. Comprende casas, un museo local y regional, un bar y la entrada de una nueva sala de espectáculos situada bajo la plaza que está en frente de la torre y de las arcadas.

SUNE MALMQUIST (ATELIER MALMQUIST & SKOOGH)

DOIS EDIFÍCIOS DE APARTAMENTOS NO CENTRO DE ESTOCOLMO, SUÉCIA

O programa dos trabalhos concluídos no início de 1980 compreende um edifício novo na esquina da rua e a reabilitação do edifício vizinho.
O projeto foi elaborado em 1976. O lugar é o de um bairro homogéneo com as características de 1880, período de extensão da cidade. Os edifícios têm geralmente cinco andares, ao estilo neorrenascentista de inspiração vienense. O imóvel reabilitado com o telhado de influência francesa constitui uma exceção estilística. A construção do edifício responde às condições de empréstimo do Estado.

DOS EDIFICIOS DE APARTAMENTOS EN EL CENTRO DE ESTOCOLMO, SUECIA

El programa de los trabajos concluidos a inicios de 1980 comprende un edificio nuevo en la esquina de la calle y la rehabilitación del edificio vecino. El proyecto fue elaborado en 1976. El lugar es el de un barrio homogéneo con las características de 1880, período de extensión de la ciudad. Los edificios tienen generalmente cinco pisos al estilo neo-renacentista de inspiración vienense. El inmueble rehabilitado, con tejado de influencia francesa, constituyó una excepción estilística. La construcción del edificio responde a las condiciones de préstamo del Estado.

MANUEL INIGUEZ & ALBERTO USTARROZ

CENTRO RURAL EM CORDOBILLA, PAMPLONA, ESPANHA

Os elementos de que dispunham os arquitetos para iniciar o seu trabalho de recuperação-reconstrução do centro rural eram uma casa apalaçada ao estilo gótico, uma pequena igreja do século XVI e algumas construções agrícolas auxiliares.

A nova composição organiza-se em redor de uma praça flanqueada pela casa apalaçada, reconstruída e destinada a um restaurante, o novo Bola-toki (jogo tradicional de bowling) e pelo muro para jogos da bola (frontão). Encontramos, assim, numa síntese minimal, todos os elementos tipológicos que compõem as praças das aldeias bascas.

CENTRO RURAL EN CORDOBILLA, PAMPLONA, ESPAÑA

Los elementos de los que disponían los arquitectos para iniciar su trabajo de restauración y reconstrucción del centro rural eran una casa palaciega al estilo gótico, una pequeña iglesia del siglo XVI y algunas construcciones agrícolas auxiliares.

La nueva composición se organiza alrededor de una plaza flanqueada por la casa palaciega, reconstruida y destinada a un restaurante, el nuevo Bola-toki (juego tradicional de palillos y por el muro del campo del juego de pelota (frontón). Se encuentran, así, en una síntesis minimalista, todos los elementos tipológicos que componen las plazas de los pueblos vascos.

1987

RUMO A UM PLURALISMO

Como os tiranos, as ideologias arquitetónicas dominantes têm sempre consolidado o seu poder através de decretos e de exclusões, seja nas academias seja no setor público. Tais manobras revelaram-se pouco eficazes no seio do mercado livre da construção e é necessário admitir, como Aristóteles, que não sendo a melhor forma de governação, a democracia é, em todo o caso, preferível a qualquer forma de tirania. Os regimes que definem uma linha arquitetónica única não são da preferência de hábitos democráticos (…). A liberdade de expressão e o respeito pela lei são as virtudes fundamentais de uma democracia política. Uma pluralidade de estilos de vida, de crenças e de estilos arquitetónicos são as suas expressões mais naturais. Não se pode ter um único «estilo democrático», como também não se pode ter um único partido democrático. O pluralismo democrático é, portanto, incorretamente identificado como sendo a causa do caos das nossas cidades e das nossas paisagens, mas na realidade não há ligação entre causas e efeitos. As diferenças de opiniões ideológicas podem criar um mundo caótico ou, então, encontrar uma resolução num debate civilizado. Com este espírito, pode compreender-se que uma pluralidade de convicções estéticas e de estilos de vida, mais do que um caos feito de ideias irreconciliáveis, possa ser canalizado no sentido de produzir uma pluralidade de cidades e aldeias muito diferentes, sendo cada uma delas, no entanto,

RUMBO A UN PLURALISMO

Como los tiranos, las ideologías arquitecturales dominantes tienen siempre consolidado su poder a través de decretos y de exclusiones, sea en las academias sea en el sector público. Estas maniobras se revelan finalmente poco eficaces en el seno del mercado libre de la construcción y es necesario admitir como Aristóteles que no siendo la mejor forma de gobernación, la democracia es, en todo caso, preferible a cualquier forma de tiranía. Los regímenes que definen una línea arquitectural única no son de la preferencia de aquellos que tomaran los hábitos democráticos (…). La libertad de expresión y el respecto por la ley son las virtudes fundamentales de una democracia política. Una pluralidad de estilos de vida, de creencias y de estilos arquitecturales son sus expresiones más naturales. No se puede tener un único «estilo democrático» como tampoco no se puede tener un único partido democrático. El pluralismo democrático es, por lo tanto, incorrectamente identificado como siendo la causa del caos de nuestras ciudades y de nuestros paisajes, pero en realidad, no hay ligaciones entre causas y efectos. Las diferencias de opiniones ideológicas pueden engendrar un mundo caótico o, entonces, encontrar una resolución en un debate civilizado. Con este espíritu, puede entenderse que una pluralidad de convicciones estéticas y de estilos de vida, más que de un caos hecho de ideas irreconciliables, pueda ser canalizado en el sentido de producir una

homogénea e harmoniosa na sua organização geral e na sua estética. É uma questão de escolha e é unicamente desta maneira que a decisão democrática de organizar o nosso meio ambiente se tornará uma realidade. A renovação do urbanismo e da arquitetura tradicional é tanto mais notável que a sua prática e o seu ensino foram oficialmente desencorajados e banidos durante quase quarenta anos. Os arquitetos tradicionais de hoje já não aprendem o seu ofício nas academias e nas escolas; a sua sabedoria profissional só a recebem ou de um velho mestre ou, o que é mais frequente, da sua própria força de vontade. Eles são sempre levados por uma convicção apaixonada mesmo que não haja, ainda por cima, nenhuma garantia de sucesso.

pluralidad de ciudades y pueblos muy diferentes, siendo cada uno de ellos, sin embargo, homogéneo y armonioso en su organización general y en su estética. Es una cuestión de elección y es únicamente de esta manera que la decisión democrática de organizar nuestro medio ambiente se volverá una realidad. La renovación del urbanismo y de la arquitectura tradicional es tanto más notable que su práctica y su enseñanza fueron oficialmente amilanadas y banidas durante casi cuarenta años. Los arquitectos tradicionales de hoy no aprenden ya su oficio en las academias y en las escuelas; su sabiduría profesional solamente la reciben o de un viejo maestro o, lo que es más frecuente, de su propia fuerza de voluntad. Ellos son siempre llevados por una convicción apasionada mismo que no tengan, encima, ninguna garantía de éxito.

Léon Krier

JEAN-PIERRE ERRATH

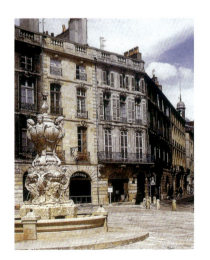

EMBELEZAMENTO DE BORDÉUS, FRANÇA

A cidade deve a Jean-Pierre Errath, arquiteto de edifícios de França, ter encontrado a beleza dos seus pátios, praças e ruas. Ele conseguiu, com a sua equipa, convencer centenas de proprietários a restaurar as fachadas dos seus imóveis e as suas montras comerciais. Inspirou-se nos melhores exemplos antigos e recorreu a materiais tradicionais, à pedra de cantaria e ao ferro forjado.
Ruas inteiras foram, assim, restauradas, pátios interiores resgatados, centenas de fachadas e de fundações reconstruídas. Um exemplo único em França pela sua amplitude e qualidade dos resultados.

EMBELLECIMIENTO DE BURDEOS, FRANCIA

La ciudad debe a Jean-Pierre Errath, arquitecto de edificios de Francia, haber encontrado la belleza de sus patios, plazas y calles. Él consiguió, con su equipo, convencer a centenas de propietarios a restaurar las fachadas de sus inmuebles y de sus escaparates comerciales. Se inspiró en los mejores ejemplos antiguos y recurrió a materiales tradicionales, a la piedra de cantería y al hierro forjado.
Calles enteras fueron, así, restauradas, patios interiores rescatados, centenas de fachadas y de fundaciones reconstruidas. Un ejemplo único en Francia por su amplitud y calidad de los resultados.

ERNEST SCHIRMACHER

RÖMERBERG, EM FRANKFURT, NA ALEMANHA

Ao serem reconstruídas escrupulosamente seis casas do centro, a cidade de Frankfurt lançou as bases de uma identidade reencontrada após as destruições enormes da guerra e das reconstruções num estilo internacional, sem qualquer ligação com a história e com os conceitos constitutivos da cidade alemã tradicional.

RÖMERBERG, FRANKFURT, ALEMANIA

Con la reconstrucción escrupulosa de seis casas del centro, la ciudad de Frankfurt lanzó las bases de una identidad reencontrada después de las destruiciones masivas de la guerra y de las reconstrucciones en estilo internacional sin cualquier conexión con la historia y con los conceptos constitutivos de la ciudad alemana tradicional.

MANUEL INIGUEZ & ALBERTO USTARROZ

RESTAURAÇÃO DA CÂMARA MUNICIPAL DE LESAKA, ESPANHA

A Câmara Municipal, um palácio de estilo barroco tardio do século XVIII, domina a praça triangular de Lesaka. Corresponde a um tipo de edifício tradicional do País Basco, um palácio maciço, no rés-do-chão, com o seu portal característico que serve, nessa altura, de pequeno *trinquet* (lugar onde se joga à pelota basca). Particularmente atentos ao que o edifício ainda mostrava, apesar das suas discordâncias, os arquitetos optaram por restaurá-lo e restituir o seu estado original: reconstruir as partes que faltavam das paredes de apoio, eliminar as divisórias recentes e, sobretudo, construir uma nova escadaria central na sua posição original que permite restituir ao palácio o carácter de imóvel público que um edifício desta importância deve representar. A solução adotada faz lembrar os palácios maciços do século XVIII.

RESTAURACIÓN DEL AYUNTAMIENTO DE LESAKA, ESPAÑA

El ayuntamiento, un palacio de estilo barroco tardío del siglo XVIII, domina la plaza triangular de Lesaka. Corresponde a un tipo de edificio tradicional del País Vasco, un palacio macizo con, el piso bajo, un portal característico que sirve, en esa época, como pequeño *trinquet* (lugar donde se juega a la pelota vasca). Particularmente atentos a lo que el edificio aun mostraba, a pesar de sus discordancias, los arquitectos optaron por restaurarlo y restituir su estado original: reconstruir las partes de las paredes de apoyo que faltaban, eliminar los tabiques, y sobre todo, construir una nueva escalinata central en su posición original que permite restituir al palacio el carácter de inmueble público que un edificio de esta importancia debe representar. La solución adoptada hace recordar a los palacios macizos del siglo XVIII.

POMPEO TRISCIUOGLIO

POVOADO DE GRANGESISES, EM ITÁLIA

A mais de cinquenta quilómetros a noroeste de Turim, ancorada na encosta íngreme da montanha, o pequeno povoado de Grangesises domina o vale de Sises. Abandonado, é restaurado pelo arquiteto Pompeo Trisciuoglio, que reconstrói o povoado acercando-se o mais possível da tradição. As paredes foram construídas com as pedras que a montanha dá, utilizando a técnica da pedra seca para melhor se ajustar aos movimentos do solo: as estruturas e as coberturas são em larício. Porque a tradição quer que a casa seja feita em duas partes com os materiais que a natureza oferece nesse lugar. Seis edifícios serão restaurados: o celeiro do bispo, a casa da Cruz, o celeiro Uziard, o celeiro do Pin, o celeiro Prinderre e, finalmente, o celeiro Anno Domini 1774.

PUEBLO DE GRANGESISES, ITALIA

A más de cincuenta quilómetros al noroeste de Turín, anclada en la vertiente escarpada de la montaña, el pequeño pueblo de Grangesises domina el valle de Sises. Abandonado, es restaurado por el arquitecto Pompeo Trisciuoglio, que reconstruye el pueblo acercándose lo más posible a la tradición. Los muros fueron reconstruidos con las piedras de la montaña, utilizando la técnica de la piedra seca para ajustarse mejor a los movimientos del suelo: las estructuras y las coberturas son en alerce. Porque la tradición quiere que la casa sea hecha en dos partes con los materiales que la naturaleza ofrece en ese lugar. Seis edificios serán restaurados: el granero del obispo, la casa de la Cruz, el granero Uziard, el granero del Pin, el granero Prinderre y, por fin, el granero Anno Domini 1774.

ABDEL WAHED EL-WAKIL

MESQUITA DA ILHA EM JEDDAH, NA ARÁBIA SAUDITA

Esta mesquita é construída numa pequena ilha de 2500 m². É o primeiro projeto de um programa oficial de promoção dos valores tradicionais da arquitetura islâmica na construção contemporânea.

O projeto foi exclusivamente estabelecido com base em elementos tradicionais: um espaço retangular coberto por um domo de seis metros de diâmetro em frente do nicho do imã e rodeado, em três lados, por pequenas abóbadas; para o minarete, o arquiteto escolheu o aspeto maciço e ortogonal das primeiras mesquitas do Islão.

MEZQUITA DE LA ISLA EN JIDDAH, ARABIA SAUDITA

Esta mezquita es construida en una pequeña isla de 2 500 metros cuadrados. Es el primer proyecto de un programa oficial de promoción de los valores tradicionales de la arquitectura islámica en la construcción contemporánea.

El proyecto fue exclusivamente establecido con base en elementos tradicionales: un espacio rectangular cubierto por un domo de seis metros de diámetro en frente el nicho del imán y rodeado, en tres lados, por pequeñas bóvedas; para el minarete, el arquitecto eligió el aspecto macizo y ortogonal de las primeras mezquitas del Islam.

OLIVIER DE MOT & JEAN-FRANÇOIS LEHEMBRE

ESCOLA EM BRUXELAS, BÉLGICA

Na origem deste projeto de renovação está um duplo pedido do Institut Notre-Dame de la Paix: ampliar a escola com algumas salas de aulas suplementares e remediar as graves lacunas do edifício que, construído dez anos antes com materiais pré-fabricados, apresentava já todos os sinais de uma degradação irreversível: infiltrações de água, marcenarias em materiais sintéticos degradados, perdas caloríficas importantes… Ocasião para os arquitetos reorganizarem o conjunto dos edifícios ocupados pela escola, reconstruírem as fachadas degradadas e dar toda a atenção ao que era inicialmente uma simples questão funcional e técnica à escala do espaço público.

ESCUELA EN BRUSELAS, BÉLGICA

En el origen de este proyecto de renovación está el doble pedido del Institut Notre-Dame de la Paix: ampliar la escuela con algunas clases suplementarias y remediar las graves carencias del edificio que, construido diez años antes con materiales prefabricados presentaba ya todas las señales de una degradación irreversible: infiltraciones de agua, marquetería en materiales sintéticos degradados, pérdidas de calor importantes… Se presentaba la ocasión para los arquitectos de reorganizar el conjunto de los edificios ocupados por la escuela, reconstruir las fachadas degradadas y dar toda la atención al que era una simple cuestión funcional y técnica a escala del espacio público.

1992

O DESEJO DE ETERNIDADE

O mais grave problema da pós-modernidade é, sem dúvida, o gosto pelos artifícios, como se fosse necessário passar pelos maneirismos antes de aceder à simplicidade dos clássicos. As melhores intenções são, assim, muitas vezes estragadas por tiques alheios que se multiplicam em vão nessa desordem fragmentada de frontões e de colunas sem regularidade e senso comum. Hoje, pelo menos, parece que se pode imitar tanto o interior como o exterior. Demetri Porphyrios, além de uma perfeição formal no desenho e no tratamento, mostra que os arquitetos neovernaculares podem levantar-se todos os dias com a consciência tranquila. A proximidade com o mais alto nível arquitetónico já não apela unicamente às espalhafatosas reações de afirmação pessoal. A rutura, o contraste, justificados em nome do choque dos tempos e da necessária sucessão de gerações, se não mesmo de estilos, revelam-se finalmente pelo que são: uma derrota, sinal de incapacidade de dialogar com os vizinhos. Em Bruxelas como em Oslo, os arquitetos sabem como reparar o tecido urbano rasgado ao projetar substituições idênticas ou, melhor ainda, com construções cuja presença é tão natural que não se questiona. Mas o melhor de tudo é que os arquitetos sabem trabalhar com as complexidades da história, a dos ecletismos voluntariamente separados. A compreensão do que está distante e perto torna-se, para alguns, pelo menos, que são

EL DESEO DE ETERNIDAD

El problema más grave de la posmodernidad es, sin duda, el gusto por los artificios, como si fuera necesario pasar por los manierismos antes de acceder a la simplicidad de los clásicos. Las mejores intenciones son, así, muchas veces estropeadas por tics ajenos que se multiplican en vano en ese desorden fragmentado de frontones y de columnas sin regularidad y sentido común. Hoy, por lo menos, parece que se puede imitar tanto el interior como el exterior. Demetri Porphyrios, además de una perfección formal en el dibujo y tratamiento, muestra que los arquitectos neo-vernáculos pueden levantarse todos los días con la conciencia tranquila. La proximidad con el más alto nivel arquitectural no apela ya únicamente a las llamativas reacciones de afirmación personal. La ruptura, el contraste, justificados en nombre del choque de los tiempos y de la necesaria sucesión de generaciones, sino mismo de estilos, se revelan finalmente por lo que son: una derrota, señal de incapacidad de dialogar con los vecinos. En Bruselas como en Oslo, los arquitectos saben cómo arreglar el tejido urbano desgarrado al proyectar sustituciones idénticas, o aún mejor, con construcciones cuya presencia es tan natural que no se cuestiona. Pero lo mejor de todo es que los arquitectos saben trabajar con las complejidades de la historia, de los eclecticismos voluntariamente separados. La comprensión de lo que está distante y cerca se vuelve, para

precisamente os laureados, cada vez mais refinada. Em todos estes prémios há uma geografia incongruente que nos faz passear das ruas de Bruxelas às de Oslo, do adro de Orleães ao do Römerberg de Frankfurt, do País Basco ao campo inglês, passando pelo Médio Oriente. Alguns arquitetos, que tudo aparentemente separa, encontram-se, assim, com uma mesma atenção aos dados da história e da geografia.

algunos, al menos, que son precisamente los laureados, cada vez más refinada. En todos estos premios hay una geografía incongruente que nos hace pasear de las calles de Bruselas a las de Oslo, del atrio de Orleáns al del Römerberg de Frankfurt, del País Vasco al campo inglés, pasando por Oriente Medio. Algunos arquitectos, que aparentemente separan todo, se encuentran, así, con una misma atención a los datos de la historia y geografía.

Bruno Foucart

DEMETRI PORPHYRIOS & ASSOCIADOS

BELVEDERE FARM EM ASCOT, GRÃ-BRETANHA

Construção de uma pequena aldeia composta por um conjunto de dezasseis edifícios organizado em volta de pátios e de praças à maneira de um povoado inglês tradicional.
Este projeto demonstra a riqueza do conceito de imitação que permite criar obras novas que se inscrevem imediatamente na continuidade da paisagem e das tradições de construção de um lugar.

BELVEDERE FARM, ASCOT, GRAN BRETAÑA

Construcción de un pequeño pueblo compuesto por un conjunto de dieciséis edificios organizado alrededor de patios y de plazas a la manera de un pueblo inglés tradicional.
Ese proyecto demuestra la riqueza del concepto de imitación que permite crear obras nuevas que se inscriben inmediatamente en la continuidad del paisaje y de las tradiciones constructivas de un lugar.

JAVIER CENICACELAYA & IÑIGO SALOÑA

CENTRO RURAL EM LA RIGADA
ESCOLA SAGRADA FAMÍLIA EM DERIO, ESPANHA

Estes edifícios conseguem a sua beleza e a sua significação através do equilíbrio que propõem entre o programa e a expressão arquitetural, exterior e espaço interior, aplicação de materiais e economia, escala e contexto.

A capacidade dos arquitetos para integrar a cultura de um país permitiu-lhes produzir aqui obras cujo carácter é universal.

CENTRO RURAL EN LA RIGADA
ESCUELA SAGRADA FAMILIA, DERIO, ESPAÑA

Estos edificios consiguen su belleza y su significación a través del equilibrio que proponen entre el programa y la expresión arquitectural, exterior y espacio interior, aplicación de materiales y economía, escala y contexto.

La capacidad de los arquitectos para integrar la cultura de un país les permitió producir aquí obras cuyo carácter es universal.

PIOTR CHOYNOWSKI

DOIS IMÓVEIS EM OSLO, NORUEGA

Reconstrução das fachadas de dois imóveis dos anos 60 cuja arquitetura, característica do estilo internacional da época, contradizia a arquitetura circundante de inspiração histórica. Estes projetos pontuais tiveram um impacto na cenografia da rua e de toda a cidade e constituem obras de referência para todas as cidades antigas que foram desfiguradas por construções cujas fachadas são inadequadas e tecnicamente obsoletas, mas cuja estrutura pode ser recuperada.

Estas operações têm tanto mais interesse porque se situam num contexto de ecletismo arquitetónico, característico do fim do século XIX, em que a evidente ausência de referência estilística faz com que a imaginação do arquiteto seja ainda mais necessária.

DOS INMUEBLES EN OSLO, NORUEGA

Reconstrucción de las fachadas de dos inmuebles de los años sesenta cuya arquitectura, característica del estilo internacional de la época, contradecían la arquitectura circundante de inspiración histórica. Estos proyectos puntuales tuvieron un impacto en la escenografía de la calle y de toda la ciudad, y constituyen obras de referencia para todas las ciudades antiguas que fueron desfiguradas por las construcciones, cuyas fachadas son inadecuadas y técnicamente obsoletas, pero cuya estructura puede ser recuperada.

Estas operaciones tienen tanto más interes porque se sitúan en un contexto de eclecticismo arquitectural, característico del final del siglo XIX, donde la evidente ausencia de referencia estilística hace que la imaginación del arquitecto sea aún más necesaria.

ROBERT DE GERNIER

RECONSTRUÇÃO DE UMA PARTE DO BAIRRO DO MARCHÉ AU CHARBON EM BRUXELAS, BÉLGICA

Este projeto constitui um modelo para toda a intervenção no centro histórico da cidade, tanto ao nível da compreensão e da interpretação do tecido urbano antigo como à escala das construções, da qualidade dos planos, do domínio dos detalhes e da aplicação dos materiais. O projeto demonstra que as melhores soluções para habitação, comércio e via urbana encontram-se no estudo e na imitação das tipologias tradicionais, recomendadas pelo *Livro Verde Sobre o Ambiente Urbano* da Comissão das Comunidades Europeias. No quadro da revitalização dos bairros destruídos no centro de Bruxelas, esta obra impõe-se como um exemplo de autenticidade, a opor ao carácter factício de outras reconstruções recentes nas cercanias da Grand'Place.

RECONSTRUCCIÓN DE UNA PARTE DEL BARRIO DE MARCHÉ AU CHARBON, BRUSELAS, BÉLGICA

Este proyecto constituyo un modelo para toda intervención en el centro histórico de la ciudad, tanto a nivel de la comprensión y de la interpretación del tejido urbano antiguo como a la escala de las construcciones, de la calidad de los planos, del dominio de los detalles y de la aplicación de los materiales. El proyecto demuestra que las mejores soluciones para la vivienda, comercio y vía urbana se encuentran en el estudio y en la imitación de las tipologías tradicionales, recomendadas por el *Libro Verde Sobre el Ambiente Urbano* de la Comisión de las Comunidades Europeas. En el cuadro de la revitalización de los barrios destruidos en el centro de Bruselas, esta obra se impone como ejemplo de autenticidad que se debe oponer al carácter artificial de otras reconstrucciones recientes en las cercanías de la Grand'Place.

LUIS DE ARMIÑO, VICENTE VIDAL, FRANCISCO PICÓ SILVESTRE

RECONSTRUÇÃO DE UM BLOCO DE CASAS NA CIDADE DE ALCOY, EM ALICANTE, ESPANHA

A reconstrução deste bloco de casas foi realizada por iniciativa da Câmara Municipal.
O júri apreciou, em particular, a qualidade da intervenção no espaço público e a criação de uma nova praça num bairro muito desfavorecido e até ali deixado ao abandono.

RECONSTRUCCIÓN DE UN BLOQUE DE CASAS EN LA CIUDAD DE ALCOY, ALICANTE, ESPAÑA

La reconstrucción de este bloque de casas fue realizado por iniciativa del Ayuntamiento.
El jurado apreció, particularmente, la calidad de la intervención en el espacio público y la creación de una nueva plaza en un barrio muy desfavorecido y dejado al abandono hasta ese momento.

LIAM O'CONNOR

RECONSTRUÇÃO DE UM EDIFÍCIO EM SUNDRIDGE PARK, KENT, GRÃ-BRETANHA

Intervenção numa zona histórica alterada por acrescentos sucessivos.

O arquiteto reconstruiu um pequeno edifício que acompanha, sem querer rivalizar com ela, a residência histórica construída por John Nash em 1793 num parque concebido por Humphrey Repton.

RECONSTRUCCIÓN DE UN EDIFICIO, SUNDRIDGE PARK, KENT, GRAN BRETAÑA

Intervención en una zona histórica alterada por ensanchamientos sucesivos.

El arquitecto reconstruyó un pequeño edificio que acompaña, sin querer rivalizar con ella, la residencia histórica construida por John Nash en 1793 en un parque concebido por Humphrey Repton.

IVO, GABRIELE TAGLIAVENTI & ASSOCIADOS

REABILITAÇÃO DE UM CONJUNTO EM BOLONHA, ITÁLIA

Reabilitação e extensão de um conjunto de edifícios situados num bairro do fim do século XIX em Bolonha. Este projeto ilustra bem um modo de intervenção por mimetismo que permite adaptar, valorizando-o, um elemento banal do património com novas funções.

REHABILITACIÓN DE UN CONJUNTO EN BOLOÑA, ITALIA

Rehabilitación y extensión de un conjunto de edificios situados en un barrio de finales del siglo XIX, en Boloña. Este proyecto ilustra bien un modo de intervención por mimetismo que permite adaptar, valorándolo, un elemento banal del patrimonio con nuevas funciones.

1995

DOM QUIXOTE E OS MOINHOS DE BETÃO

É verdadeiramente uma pena – e isto gera terríveis confusões – que apenas exista um único termo, «arquiteto», para designar todos os que constroem, sem que a etimologia nunca precise se o que foi feito é belo ou feio, criador de felicidade ou de infelicidade. (...)

Muitos arquitetos de sucesso – que têm dividido entre eles a maior parte dos grandes trabalhos das últimas décadas – que reinam na Europa são, no entanto, chamados «arquitetos», e porque a violência da sua arquitetura tem beneficiado, desde há muito tempo, da solidariedade do dinheiro (portanto da promoção imobiliária e da proteção dos *media*), tornaram-se, durante algumas décadas, os generais de uma «Invencível Armada» de máquinas, de *bulldozers*, de *caterpillars*, de betoneiras; os estrategas de uma indústria de guerra à paisagem que, na ausência de um comando responsável, foi obrigada, para sobreviver, a destruir, ora a natureza, ora a arquitetura do passado.

A Invencível Armada, sabemos, acabou por ser vencida... Hoje, a convicção segundo a qual se tem construído muito na Europa e que seria melhor reconverter a indústria de guerra (à paisagem) numa indústria de paz, propaga-se cada vez mais. Mas imobilizar uma escavadora durante um dia pode custar até 1000 dólares! Sejamos realistas: quantos proprietários de máquinas deste género

DON QUIJOTE Y LOS MOLINOS DE HORMIGÓN

Es verdaderamente una pena – y esto puede provocar terribles confusiones – que tan sólo exista un único término, «arquitecto», para designar a todos los que construyen, sin que la etimología nunca precise si lo que fue hecho es bello o feo, creador de felicidad o infelicidad. (...)

Muchos arquitectos de éxito – que tienen divido entre ellos la mayor parte de los grandes trabajos de las últimas décadas – que reinan en Europa son, sin embargo, llamados «arquitectos», y porque la violencia de su arquitectura tiene beneficiado, desde hace mucho tiempo, de la solidaridad del dinero (por lo tanto de la promoción inmobiliaria y de la protección de los medios), se convirtieron, durante algunas décadas, en los generales de una «Invencible Armada» de máquinas, de *bulldozers*, de Caterpillar, de hormigoneras; los estrategas de una industria de guerra al paisaje que, en la ausencia de un comando responsable, fue obligada, para sobrevivir, a destruir, a veces la naturaleza, a veces la arquitectura del pasado.

La Invencible Armada, lo sabemos, fue finalmente vencida... Hoy, la convicción segun la cual se ha construido mucho en Europa y que sería mejor reconvertir la industria de guerra (al paisaje) en una industria de paz, se propaga cada vez más. Pero inmovilizar una excavadora durante un día puede costar hasta 1000 dólares! Seamos realistas: ¿cuantos propietarios de máquinas de este tipo

renunciariam a esta verba? O importante é, portanto, fazer-lhes compreender que, já hoje, mas sobretudo a partir de amanhã, os verdadeiros benefícios virão de uma arquitetura de paz mais do que de uma arquitetura de guerra. (…)

É necessário reinventar a Harmonia, redescobrir os equilíbrios de outros tempos para que acompanhem o ser humano rumo ao ano 2000 em serenidade. Numa palavra, é necessário reconstruir a Felicidade! Nasceu um desejo muito forte neste sentido, mesmo que os jornais e a televisão ainda não falem disso.

renunciarían a esta verba? Lo importante es, por lo tanto, hacerles comprender que, hoy ya, pero que a partir de mañana, los verdaderos beneficios vendrán de una arquitectura de paz más do que de una arquitectura de guerra (…).

Es necesario reinventar la Armonía, redescubrir los equilibrios de otros tiempos para que acompañen el ser humano rumo al año 2000 en serenidad. En una palabra, ¡es necesario reconstruir la Felicidad! Nació un deseo muy fuerte en este sentido, aunque los periódicos y la televisión aun no hablen de eso.

Sergio Frau

PIERRE SICARD & MICHEL AUTHIÉ

CASA DO TURISMO E DA MONTANHA EM CAUTERETS, FRANÇA

O projeto deste edifício público inscreve-se num conjunto de operações arquitetónicas e paisagistas, assinadas pelos mesmos arquitetos, que contribuem de maneira significativa para a revalorização do centro desta pequena cidade termal dos Pirenéus: restauração e arranjo do mercado (1994), requalificação dos espaços públicos e criação de uma nova rua ladeada por dois pavilhões e pontuada por uma fonte (1994, 1.ª fase). A arquitetura neoclássica do novo edifício, situado na junção de duas praças públicas, integra-se perfeitamente na característica original e pitoresca do centro da cidade.

CASA DEL TURISMO Y MONTAÑA EN CAUTERETS, FRANCIA

El proyecto de este edificio público se inscribe en un conjunto de operaciones arquitecturales y paisajistas, firmadas por los mismos arquitectos, que contribuyen de manera significativa a la revalorización del centro de esta pequeña ciudad termal de los Pirineos: restauración y arreglo del mercado (1994), recalificación de los espacios públicos y creación de una nueva calle ladeada por dos pabellones y puntuada por una fuente (1994, 1.ª fase). La arquitectura neoclásica del nuevo edificio, situado en la unión de dos plazas públicas, se integra perfectamente en la característica original y pintoresca del centro de la ciudad.

GUY MONTHARRY

ESCOLA DE SAINT-MICHEL, EM SAINT-JEAN-DE-LUZ, CIBOURE, FRANÇA

Esta nova escola testemunha a vontade, ainda hoje excecional, de valorizar um lugar simbólico da cidade pela adoção de uma escrita arquitetónica de tipo regionalista, que vai contra os tendências da construção contemporânea de escolas. A escola é decomposta em vários edifícios de altura variada, reproduzindo assim a tipologia vertical do lote estreito característico do centro antigo da cidade. A construção (num total de 825 m² fora do edifício) reagrupa, em três níveis, um infantário e uma escola primária, escritórios e alojamentos para os funcionários.

ESCUELA DE SAINT-MICHEL, SAINT-JEAN-DE-LUZ, CIBOURE, FRANCIA

Esta nueva escuela testimonia la voluntad, aun excepcional hoy, de valorizar un lugar simbólico de la ciudad por la adopción de una escritura arquitectural de tipo regionalista, que va contra los estándares de la construcción escolar contemporánea. La escuela es compuesta por varios edificios de altura variada, reproduciendo así la tipología vertical del lote estrecho característico del centro antiguo de la ciudad. La construcción (con un total de 825 m² fuera del edificio) reagrupa, en tres niveles, una guardería y una escuela de primaria, oficinas y alojamientos para los funcionarios.

DANIEL STAELENS

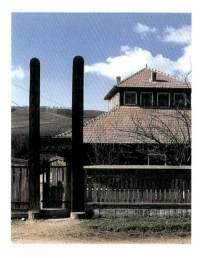

INFANTÁRIO E ESCOLA PRIMÁRIA EM SCARIGA, NA ROMÉNIA

Este pequeno infantário e escola primária, projetada à imagem das construções tradicionais locais pelos artesãos da aldeia, mostra que é possível combinar restrições técnicas, sociais e económicas, num projeto perfeitamente integrado no seu contexto geográfico e cultural. O edifício (16 × 16 m) abriga três salas de aulas destinadas a cerca de 75 crianças e um alojamento para funcionários. Além do custo ridículo da construção (35 000 euros), a experiência vale também pela utilização de materiais locais e pela dinâmica social que suscitou. A escola foi feita em colaboração com a rede intermunicipal Opération Villages Roumains com a ajuda do programa europeu PHARE.

GUARDERÍA Y ESCUELA DE PRIMARIA EN SCARIGA, RUMANIA

Esta pequeña guardería y escuela de primaria, proyectada a imagen de las construcciones tradicionales locales por los artesanos del pueblo, enseña que es posible combinar restricciones técnicas, sociales y económicas, con un proyecto perfectamente integrado en su contexto geográfico y cultural. El edificio (16 × 16 m) tiene tres salas de clases destinadas a cerca de 75 niños y un alojamiento para funcionarios. Además del coste ridículo de la construcción (35 000 euros), la experiencia vale también por la utilización de materiales locales y por la dinámica social que ha suscitado. La escuela fue hecha en colaboración con la red intermunicipal Opération Villages Roumains con la ayuda del programa europeo PHARE.

TARAK BEN MILED

CASAS TRADICIONAIS EM SIDI BOU SAÏD, TUNÍSIA

A qualidade excecional destes projetos, tanto do ponto de vista da integração na cidade como da escrita arquitetónica e decorativa, ilustra a mestria artística que o Prémio Europeu da reconstrução da cidade deseja promover.

A homogeneidade tipológica e o respeito dos motivos arquitetónicos tradicionais são apresentados aqui através de diferentes programas – casas geminadas ou isoladas, apartamentos ou casas unifamiliares – distribuídos em redor de um pátio fortemente geometrizado.

CASAS TRADICIONALES EN SIDI BOU SAÏD, TÚNEZ

La calidad excepcional de estos proyectos, tanto desde el punto de vista de la integración en la ciudad como de la escritura arquitectural y decorativa, ilustra la maestría artística que el Premio Europeo de la reconstrucción de la ciudad desea promover.

La homogeneidad tipológica y el respecto de los motivos arquitecturales tradicionales son presentados aquí a través de diferentes programas – casas geminadas o aisladas, apartamentos o casas unifamiliares – distribuidos alrededor de un patio fuertemente geométrico.

PETER P. PAVLOV & MARINA P. PAVLOVA

RECONVERSÃO DE UM EDIFÍCIO INDUSTRIAL EM MOSCOVO, NA RÚSSIA

A reconversão do imóvel em sede administrativa da empresa Lucoil-Moscow, no centro histórico, que exigiu importantes trabalhos de restauro e ampliação, permitiu não só embelezar uma construção industrial como também revalorizar o interior de um conjunto em benefício dos imóveis residenciais vizinhos.

A operação ganha aqui um valor de exemplo para a renovação pelo setor privado dos tecidos urbanos históricos, para a revitalização do seu património e proteção da sua diversidade, particularmente em termos de usos mistos.

RECONVERSIÓN DE UN INMUEBLE INDUSTRIAL, MOSCÚ, RUSIA

La reconversión del inmueble en la sede administrativa de la empresa Lucoil-Moscow, en el centro histórico, que exigió importantes trabajos de restauración y ampliación, permitió no solo embellecer una construcción industrial sino también revalorizar el interior de un conjunto en beneficio de los inmuebles residenciales vecinos.

La operación coge aquí un valor de ejemplo para la renovación por el sector privado de los tejidos urbanos históricos, para la revitalización de su patrimonio y protección de su diversidad, particularmente en términos de usos mixtos.

JACQUES LECCIA & CHRISTIAN PARRA

MERCADO COBERTO EM BAIONA, FRANÇA

A demolição de um parque de estacionamento por andares, construído no fim da década de 60 no lugar do antigo Mercado central (1886), permitiu não somente requalificar o centro histórico da cidade – em particular as cercanias do Quai au Charbon –, mas também restituir o ambiente urbano e a atividade comercial original.

O novo mercado recupera a ligeireza e a transparência características dos mercados do século XIX pela utilização da madeira ripada e do metal. A sua dimensão, reduzida em relação ao edifício antigo, permite libertar, a norte, uma nova praça comercial, o «carreau», que dá para o rio Nive.

MERCADO CUBIERTO EN BAYONA, FRANCIA

La demolición de un aparcamiento de pisos, construido en el final de la década de 1960 en el lugar del antiguo Mercado central (1886), permitió no sólo recalificar el centro histórico de la ciudad – particularmente las cercanías del Quai au Charbon –, sino también restituir el ambiente urbano y la actividad comercial original.

El nuevo mercado recupera la ligereza y la transparencia características de los mercados del siglo XIX por la utilización de listones de madera y metal. Su dimensión, reducida en relación al edificio antiguo, permite libertar, al norte, una nueva plaza comercial, el «carreau», abierto sobre el río Nive.

1998

GLOBALIZAR A QUALIDADE DE VIDA

Os tempos da resistência fazem parte do passado, as oposições aos urbanismos devastadores foram varridas pela conjunção cada vez mais estreita entre os poderes políticos e os do dinheiro. Esta globalização, da qual se fala incessantemente quando se trata de mercados financeiros, de estratégias de empresas multinacionais e de políticas sociais que privilegiam a flexibilidade, logo a fragilidade dos estatutos sociais, também se aplica à arquitetura e ao urbanismo. O dinheiro da reconstrução de Beirute vem de generosos doadores que entendem financiar, assim, a sua influência política e/ou ideológica. O restante vem do Banco Mundial, que nunca dá nada de graça e põe os governos sob uma tutela neoliberal, portanto antissocial e em todo o caso contrária aos benefícios sociais europeus. O dinheiro que financia numerosos loteamentos turísticos ou de luxo vem muitas vezes dos circuitos mundiais de dinheiro sujo e o arquiteto participa, assim, na gigantesca lavagem dos lucros do crime. O tempo da resistência é, portanto, passado. Ele deu lugar a um novo combate político que, infelizmente, mobiliza pouca gente, lobotomizada pela ideologia veiculada pelos *media*. O combate por um urbanismo que não esteja já contaminado pelo dinheiro sujo ou pela globalização. Um urbanismo, uma arquitetura que reconcilie as culturas dos habitantes com a qualidade de vida e com a ecologia em geral, portanto com o respeito pelo

MUNDIALIZAR LA CALIDAD DE VIDA

Los tiempos de la resistencia hacen parte del pasado, las oposiciones a los urbanismos devastadores fueron barridas por la conjunción cada vez más estrecha entre los poderes políticos y el dinero. Esta mundialización, de la que se habla incesantemente cuando se trata de mercados financieros, de estrategias de empresas multinacionales y de políticas sociales privilegiando la flexibilidad, cuya fragilidad de los estatutos sociales se aplica también a la arquitectura y al urbanismo. El dinero de la reconstrucción de Beirut viene de generosos donantes que desean financiar, de ahí, su influencia política y/o ideológica. El restante viene del Banco Mundial, que nunca da nada gratis y pone a los gobiernos bajo una tutela neoliberal, por lo tanto antisocial y en todo caso contraria a los beneficios sociales europeos. El dinero que financia numerosas parcelaciones turísticas o de lujo viene muchas veces de los circuitos mundiales del dinero negro y el arquitecto participa, así, en los gigantescos blanqueos de los lucros del crimen. El tiempo de la resistencia es, por lo tanto, pasado. Él ha dado lugar a un nuevo combate político que, infelizmente, moviliza a poca gente lobotomizada por la ideología vehiculada de los medios de masa. El combate por un urbanismo que no esté ya contaminado por el dinero negro o de la mundialización. Un urbanismo, una arquitectura que reconcilie las culturas de los habitantes con la calidad de vida y con

ambiente e também com a utilização de materiais e técnicas locais. A globalização pode ser da arquitetura e do urbanismo desde que respeite os valores culturais e sociais. Eis por que razão me alegra que a atribuição de um Grande Prémio Europeu Para a Reconstrução da Cidade vá para a Sociedade Imobiliária de Mayotte. Quinze anos de desenvolvimento urbano, social e ecológico, pelo emprego de materiais locais. Onze mil habitações construídas por uma população local que demonstra assim a possibilidade real de criação de atividades económicas novas e duráveis. Foi-nos dada pelos arquitetos e urbanistas europeus, num território situado fora da Europa, uma maravilhosa lição política.

la ecología en general, por lo tanto con el respeto por el ambiente y también con la utilización de materiales y técnicas locales. La mundialización puede ser de la arquitectura y del urbanismo desde que respete los valores culturales y sociales. He aquí porqué razón me satisface que la atribución de un Gran premio Europeo para la reconstrucción de la ciudad sea entregado a la Sociedad Inmobiliaria de Mayotte. Quince años de desarrollo urbano, social y ecológico con el empleo de materiales locales. Once mil habitaciones construidas por una población local que demuestra así la posibilidad real de creación de nuevas y durables actividades económicas. Una maravillosa lección política nos ha sido dada por los arquitectos y urbanistas europeos en un territorio situado fuera de Europa.

Gabrielle Lefèvre

FRANÇOIS SPOERRY

EXTENSÃO DA ALDEIA DE GASSIN, FRANÇA

Este projeto fez uma tripla demonstração: estética, económica e social. O desenvolvimento de cidades e povoações não é incompatível com a salvaguarda de belas paisagens; a desertificação de aldeias antigas, transformadas no melhor dos casos em lugares de férias para turistas abastados, não é inevitável: uma centena de famílias vive agora a tempo inteiro em Gassin (golfo de Saint-Tropez), a escola foi aumentada e abriram-se lojas. As restrições de habitações económicas não são sinónimas de fealdade, de estandardização e de miséria social. Coroando este projeto, ao mesmo tempo perfeito e pouco espetacular, o Prémio presta homenagem ao talento e à perseverança de um arquiteto cuja carreira tem sido uma irrefutável apologia da arquitetura regional.

EXTENSIÓN DEL PUEBLO DE GASSIN, FRANCIA

Este proyecto hace una triple demonstración: estética, económica y social. El desarrollo de ciudades y pueblos no es incompatible con la protección de paisajes bellos; la desertificación de pueblos antiguos, transformados como mucho en lugares de vacaciones para turistas acaudalados, no es inevitable. Un centenar de familias vive permanentemente ahora en Gassin (Golfo de Saint-Tropez), la escuela fue aumentada y se inauguraron nuevas tiendas. Las restricciones de casas económicas no son sinónimos de fealdad, de estandarización y de miseria social. Coronando este proyecto, al mismo tiempo perfecto y poco espectacular, el Premio rinde homenaje al talento y perseverancia de un arquitecto cuya carrera profesional es una irrefutable apología de la arquitectura tradicional.

SOCIEDADE IMOBILIÁRIA DE MAYOTTE

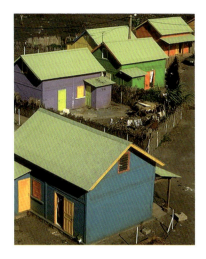

HABITAÇÃO SOCIAL NA ILHA DE MAYOTTE, TERRITÓRIO ULTRAMARINO FRANCÊS

Desde o início da década de 80, Mayotte traçou um caminho exemplar no domínio da arquitetura. Baseada num conhecimento profundo da habitação tradicional de Mayotte, esta política privilegia o emprego dos recursos locais (terra, pedra, madeira, ráfia, bambu, colmo…), a participação dos habitantes, a introdução de novas redes de produção, a criação de empresas e de emprego no setor da construção.

Foram construídas 11 000 habitações, da casa urbana de dois andares à casa mais modesta, segundo modelos e tipologias adaptadas às aspirações e aos meios das famílias.

VIVIENDA SOCIAL EN LA ISLA DE MAYOTTE, TERRITORIO ULTRAMARINO FRANCÉS

Desde el inicio de la década de 1980, Mayotte trazó un camino ejemplar en el dominio de la arquitectura. Basada en un conocimiento profundo de la vivienda tradicional de Mayotte, esta política privilegia el empleo de los recursos locales (tierra, piedra, madera, rafia, bambú, colmo…), la participación de los habitantes, la introducción de nuevas redes de producción, la creación de empresas y de empleo en el sector de la construcción.

Once mil viviendas fueron construidas, desde la casa urbana de dos pisos hasta la casa más modesta, según los modelos y tipologías adaptadas a las aspiraciones y medios de las familias.

PIER CARLO BONTEMPI

INTERVEÇÃO EM LUGARES HISTÓRICOS DA REGIÃO DE PARMA, ITÁLIA

Os projetos de Pier Carlo Bontempi respondem a uma mesma necessidade e ao mesmo desafio: quer se trate da construção de uma casa anexa no campo, da reconstrução ou extensão de uma cidade histórica, a intervenção do arquiteto combina precisão de escala, ciência de integração, domínio da linguagem arquitetónica regional e das regras de composição clássica, fantasia e capacidade de invenção. Aqui, está fora de questão gestos grandiloquentes e fórmulas académicas. Há, entre o antigo e o novo, esta osmose generosa que, longe de banalizar o que já existe, valoriza-o, enriquece-o e dá-lhe toda a sua vitalidade.

INTERVENCIÓN EN LUGARES HISTÓRICOS DE LA REGIÓN DE PARMA, ITALIA

Los proyectos de Pier Carlo Bontempi responden a una misma necesidad y aun mismo reto: sea de la construcción de una casa adjunta en el campo, sea la reconstrucción o extensión de una ciudad histórica, la intervención del arquitecto combina precisión de escala, ciencia de integración, dominio del lenguaje arquitectural regional y reglas de composición clásica, fantasía y capacidad de invención. Aquí, para nada es necesario gestos grandilocuentes y fórmulas académicas. Hay entre el antiguo y nuevo esta osmosis generosa que, lejos de banalizar lo que existe ya, lo valoriza, lo enriquece y le da toda su vitalidad.

DEMETRI PORPHYRIOS & ASSOCIADOS

CONSTRUÇÃO DE UMA ALDEIA DE FÉRIAS EM PITIOUSA, NA GRÉCIA

A aldeia residencial de Pitiousa, na ilha de Spetses, prolonga, como um novo bairro, uma pequena cidade existente. No início do projeto, um plano de extensão de 1927 nunca realizado, de que o arquiteto retoma o dispositivo essencial: a aldeia culmina numa praça mirante que domina as vertentes escarpadas da baía. A arquitetura das casas foi feita à imagem do neoclassicismo vernacular característico da ilha de Spetses, o pitoresco resulta naturalmente do jogo de declives, das muitas oliveiras conservadas no lugar e das múltiplas variações que permitem a cor, a orientação, o tratamento dos detalhes. As ruas estreitas são desenhadas pelas paredes de pedra do jardim que dividem os conjuntos transmitindo uma impressão de densidade urbana.

CONSTRUCCIÓN DE UN PUEBLO DE VACACIONES, PITIOUSA, GRECIA

El pueblo residencial de Pitiousa, en la isla de Spetses, prolonga, como un nuevo barrio, una pequeña ciudad existente. Cuando el proyecto se inició, con un plano de extensión de 1927 nunca realizado, cuyo arquitecto reanuda el dispositivo esencial: el pueblo culmina en una plaza mirador que domina las laderas escarpadas de la bahía. La arquitectura de las casas fue hecha a la imagen del neoclasicismo vernáculo característico de la isla de Spetses, lo pintoresco resulta naturalmente del juego de declives, de los numerosos olivos conservados en ese lugar y de las múltiples variaciones que permiten el color, la orientación, el tratamiento de detalles. Las estrechas calles son dibujadas por los muros de piedra del jardín que dividen los conjuntos transmitiendo una impresión de densidad urbana

JEAN-JACQUES ORY

REABILITAÇÃO DA VILA REAL EM PARIS, FRANÇA

Esta cuidada reabilitação tem não só permitido revalorizar uma passagem do século XVIII danificada pelas sucessivas transformações mas também garantido vitalidade pelo arranjo de habitações, comércios e escritórios. Esta operação de grande escala em pleno coração de Paris (8.º) testemunha a vontade e a capacidade da promoção privada para contribuir hoje para o embelezamento das cidades.

REHABILITACIÓN DE LA VILLA REAL, PARIS, FRANCIA

Esta cuidada rehabilitación permite no sólo revalorizar un pasaje del siglo XVIII, damnificado por sucesivas transformaciones, sino también garantizar la vitalidad por el arreglo de las viviendas, tiendas y oficinas. Esta operación de gran escala en pleno corazón de París (8.º) testifica la voluntad y la capacidad de la promoción privada para contribuir hoy al embellecimiento de las ciudades.

168

ATELIER DE L'ARBRE D'OR

ANTIGOS MOINHOS DE MEUSE, EM BEEZ, NAMUR, BÉLGICA

Esta reconversão espetacular de uma fábrica de moagem abandonada dotou a região de Wallone, que encomendou o projeto, de um instrumento cultural de grande qualidade, revalorizando ao mesmo tempo as margens de um rio marcado pelo seu passado industrial. A demolição do corpo central do edifício, inoportunamente construído na década de 50 por necessidades de produção, revelou a elegância e o valor patrimonial da edificação destacando, agora, os efeitos de luz do criador francês Yann Kersalé.

ANTIGUOS MOLINOS DE MEUSE, BEEZ, NAMUR, BÉLGICA

Esta espectacular reconversión de una fábrica de molienda abandonada dotó la región de Wallone, que fue el patrocinador del proyecto, de un instrumento cultural de gran calidad, revalorizando al mismo tiempo las orillas del río que estaba inhabilitado por su pasado industrial. La demolición del cuerpo central del edificio, inoportunamente construido en la década de 1950 por las necesidades de producción, reveló la elegancia y el valor patrimonial de la edificación destacando, ahora, los efectos de luz del creador francés Yann Kersalé.

ATELIER D'ART URBAIN

RECONVERSÃO DE UMA FÁBRICA EM BRUXELAS, BÉLGICA

Este projeto é a mais importante operação de reconversão de um espaço industrial num edifício de habitação da região de Bruxelas. Inscreve-se numa política de reconquista das margens do canal de Bruxelas, hoje largamente desativado. Além do processo e do programa, a qualidade do projeto é essencialmente uma inversão total da imagem das traseiras do edifício: é não só a criação de um grande jardim no centro do conjunto mas sobretudo o acrescento, na fachada traseira, de três torres de escada e grandes terraços que enobrecem o edifício e a decoração urbana circundante.

RECONVERSIÓN DE UNA FÁBRICA EN BRUSELAS, BÉLGICA

Este proyecto es la operación más importante de reconversión de un espacio industrial en un edificio de viviendas de la región de Bruselas. Se inscribe en una política de reconquista de las orillas del canal de Bruselas, hoy en gran parte desactivado. Además del proceso y del programa, la calidad del proyecto es esencialmente una inversión total de la imagen de la trasera del edificio: es no sólo la creación de un gran jardín en el centro del conjunto sino sobre todo la adición, en la fachada de la retaguardia, de tres torres de escalera y grandes terrazas que ennoblecen el edificio y la decoración circundante.

2002

BABEL STORY OU PEQUENOS PENSAMENTOS ENTRE AMIGOS

Uma vida, uma cidade. Duas palavras tão próximas em francês(*). Uma vida na cidade. Uma cidade para uma vida. Parece-me que o Prémio Philippe Rothier é isto, um desejo e uma vontade de restituir a cidade aos homens, de lhe dar casas que não sejam os resultados de concursos de extravagância, de reencontrar paisagens felizes. Ao lado dos grandes projetos, abrir novas potencialidades. Respeitar o que já existe, e depois, como uma bola que ressalta, oferecer, na prolongação e criação, novas formas. Ousar inventar a beleza sem insultá-la. Magnífico desafio, na altura em que a superficialidade e a arrogância substituem o talento! O que destruiu as cidades? A erosão do tempo e a loucura dos homens. A devastação da guerra, a vulgaridade desastrosa dos promotores, os trabalhos inúteis do poder. E que mais? Porque desde terça-feira, 11 de Setembro de 2001, existe uma nova forma de destruição. Como qualificá-la? Que palavra é que se poderá usar para dizer que um deus zeloso teria programado a destruição das Torres Gémeas de Manhattan, como aquele que, segundo o Génesis, derrubou a Torre de Babel? O tempo da reconstrução chegou. Quais são as forças necessárias? A paciência, a criatividade, a generosidade e o saber. Então, sexta-feira, 19 de Outubro de 2001, senti

(*) Une vie, une ville (*N. T.*).

BABEL STORY O LOS PEQUEÑOS PENSAMIENTOS ENTRE AMIGOS

Una vida, una ciudad. Dos palabras que están tan próximas en francés(*). Una vida en la ciudad. Una ciudad para una vida. Creo que el Premio Rothier es esto, un deseo y una voluntad de restituir la ciudad a los hombres, de darle casas que no sean los resultados de concursos de extravagancias, de reencontrar paisajes felices. Con grandes proyectos, abrir nuevas potencialidades. Respetar lo que existe, y después, como una pelota que rebota, ofrecer, en la prolongación y creación, nuevas formas. Osar a inventar la belleza sin insultarla. ¡Magnifico reto en el momento en el que la superficialidad y la arrogancia sustituyen el talento! ¿Qué destruyó las ciudades? La erosión del tiempo y la locura de los hombres. La devastación de la guerra, la vulgaridad desastrosa de los promotores, los trabajos inútiles del poder. ¿Qué más? Porque desde el martes, 11 de septiembre de 2001, existe una nueva forma de destrucción. ¿Cómo calificarla? ¿Qué palabra se podría utilizar para decir que un dios celoso tendría programado la destrucción de las Torres Gemelas de Manhattan, como aquel que, segun el Génesis, derrumbó la Torre de Babel? El tiempo de la reconstrucción ha llegado. ¿Cuáles son las fuerzas necesarias? La paciencia, la creatividad, la generosidad y el saber. Entonces, el viernes, 19 de octubre de 2001, sentí la

(*) Une vie, une ville (*N. T.*).

alegria, e até mesmo um certo tipo de excitação intelectual, como se o Prémio Philippe Rothier lançasse um desafio silencioso, oferecesse uma resposta modesta às destruições do tempo e dos homens. Aqui, não é uma questão de reconstruir o planeta, mas de selecionar, entre todos os dossiês, aquele que responderia melhor, o melhor, ao projeto de reconstrução. Em suma, era um sonho. Nada que o homem domine. Mas que o acompanha. Estou a falar de respeito. Sim, de um Prémio que respeita as paisagens existentes. Pode-se pensar, então, que a história dos homens continua apesar das feridas, pode-se pensar que esta história se escreve numa mesma língua, que canta a mesma canção. Rimbaud, poeta prometeico, imaginava espalhar grinaldas de país a país e dançar. Hoje, tenho um sentimento muito forte que o Prémio Europeu Philippe Rothier «espalha grinaldas de país a país».

alegría, y hasta incluso un cierto tipo de excitación intelectual, como si el Premio Philippe Rothier lanzara un reto silencioso, ofreciera una respuesta modesta a las destrucciones del tiempo y de los hombres. Aquí, no es una cuestión de reconstruir el planeta, sino de seleccionar, entre todos los dossiers, aquel que contestaría mejor, el mejor, al proyecto de reconstrucción. En resumen, era un sueño. Nada que el hombre domine. Pero que lo acompaña. Estoy hablando de respecto. Sí, de un Premio que respecta los paisajes existentes. Se puede pensar, entonces, que la historia de los hombres continua a pesar de las heridas, se puede pensar que esta historia se escribe en una misma lengua, que canta la misma canción. Rimbaud, poeta prometeico, imaginaba esparcir guirnaldas de país en país y bailar. Hoy, tengo un sentimiento muy fuerte que el Premio Europeo Philippe Rothier «pueda esparcir guirnaldas de país en país».

Françoise Lalande

EUSEBIO LEAL SPENGLER & LA OFICINA DEL HISTORIADOR DE LA CIUDAD

RECONSTRUÇÃO DO CENTRO DE HAVANA, CUBA

A velha cidade, construída entre os séculos XVI e XVIII, estende-se por 2 km², tem 3500 edifícios, dos quais cerca de metade sofre de graves deficiências estruturais, e 70 000 habitantes. Desde a década de 60, Eusebio Leal Spengler e a Oficina del Historiador, fundada em 1938, iniciaram com determinação o restauro dos edifícios e dos espaços públicos. O plano diretor aprovado em 1994, após a degradação da economia provocada pela queda do bloco socialista, permitiu constituir uma equipa pluridisciplinar capaz de tratar as questões complexas da reabilitação com dinamismo, de juntar a população residente e as associações, de criar estruturas de formação no artesanato de construção e no turismo, de gerar fontes financeiras e operações nacionais e internacionais de parceria.

RECONSTRUCCIÓN DEL CENTRO DE HABANA, CUBA

La vieja ciudad, construida entre los siglos XVI y XVIII, se extiende a través de dos kilómetros cuadrados, tiene 3 500 edificios, de los que alrededor de la mitad sufren graves deficiencias estructurales, y 70 000 habitantes. Desde la década de 1960, Eusebio Leal Spengler y la Oficina del Historiador, fundada en 1938, inician con determinación la restructuración de los edificios y de los espacios públicos. El plano director aprobado en 1994, después de la degradación de la economía provocada por la caída del bloque socialista, permitió constituir un equipo pluridisciplinar que fuera capaz de tratar las cuestiones complejas de la rehabilitación con dinamismo, de unir la población residente y las asociaciones, de crear estructuras de formación en la artesanía de la construcción y en el turismo, de generar fuentes financieras y operaciones nacionales e internacionales de cooperación.

ALBERTO CASTRO NUNES & ANTÓNIO MARIA BRAGA

EDIFÍCIOS EM ODEMIRA, PORTUGAL

Os arquitetos intervêm em quatro lugares diferentes do centro da cidade. Por um lado, na reabilitação da Câmara Municipal, cuja destruição estava projetada, por outro, ao construir três novos edifícios públicos: uma extensão da Câmara Municipal, um centro de exposições e uma biblioteca pública. Estes edifícios que integram o espaço histórico e que participam no embelezamento da cidade constituem agora pontos de referência importantes para os habitantes desta pequena cidade de Portugal, para quem a fealdade já não é uma fatalidade do nosso tempo.

EDIFICIOS EN ODEMIRA, PORTUGAL

Los arquitectos intervienen en cuatro lugares distintos del centro de la ciudad. Por una parte, en la rehabilitación del Ayuntamiento cuya destrucción estaba proyectada, por otra, al construir tres nuevos edificios públicos: una extensión del Ayuntamiento, un centro de exposiciones y una biblioteca pública. Estos edificios, que integran el espacio histórico y que participan en el embellecimiento de la ciudad constituyen ahora puntos de referencia importantes para los habitantes de esta pequeña ciudad de Portugal, para quién la fealdad no es ya una fatalidad de nuestro tiempo.

ANDRÉ STEVENS & MOHAMAD GARAD

CASA-VILA DE TELL BEYDAR EM HASSAKÉ, NA SÍRIA

Destinada a receber uma missão arqueológica, a casa-vila foi construída numa zona da antiga muralha circular da cidade de Nabada (2400 a.C.). Próxima do lugar arqueológico, sobrelevada para se proteger das inundações sazonais, ela foi iniciada em 1992, utilizando-se materiais tradicionais de tijolo cru feito de terra misturada com água e palha cortada na sua construção. As paredes têm 50 a 75 centímetros de espessura e os telhados são feitos em pedra de açúcar para as cúpulas ou em barrotes cobertos com pequenas tábuas, uma cama de palha com acabamento impermeável em terra batida. Para limitar o uso de madeira, os arquitetos recorreram às sacadas em arcos já utilizadas há 5000 anos. Esta variação arquitetónica de temas árabes e mesopotâmicos é um excecional estaleiro de formação.

CASA-VILLA DE TELL BEYDAR, HASSAKÉ, SÍRIA

Destinada a recibir una misión arqueológica, la casa-villa fue construida en una zona de la antigua muralla circular de la ciudad de Nabada (2 400 a.C.). Cerca del lugar arqueológico, sobrealzada para protegerse de las inundaciones estacionales, fue iniciada en 1992, utilizándose materiales tradicionales de ladrillo crudo hecho de tierra mezclada con agua y paja cortada en su construcción. Las paredes tienen de 50 a 75 centímetros de espesor y los tejados son hechos de azúcar piedra para las cúpulas o en viguetas cubiertas con pequeñas tablas, una cama de paja con acabado impermeable en tierra batida. Para limitar el uso de madera, los arquitectos han recurrido a balcones con arcos utilizados ya hace 5.000 años. Esta variación arquitectural de temas árabes y mesopotámicos es un excepcional astillero de formación.

LORENZO CUSTER & BERIDE-TICINO

RECONSTRUÇÃO DE DUAS ALDEIAS ALPINAS NA SUÍÇA

A Fundação Terra Vecchia foi criada em 1973 para ajudar os jovens a integrar-se na sociedade através da experiência do trabalho artesanal na reconstrução de duas aldeias abandonadas, Terra Vecchia e Bordei, no vale de Centovalli, próximo de Ascona, de Locarno e do Lago Maior.
O trabalho de equipa entre o arquiteto, o diretor da Fundação Jurg Zbinden, o empreiteiro Kurt Guillod, os artesãos e os jovens participantes e seus professores contribuiu para a definição de métodos tradicionais de construção altamente qualificados.

RECONSTRUCCIÓN DE DOS PUEBLOS ALPINOS, SUIZA

La Fundación Tierra Vecchia fue creada en 1973 para ayudar a los jóvenes a integrarse en la sociedad a través de la experiencia del trabajo artesanal en la reconstrucción de dos pueblos abandonados, Tierra Vecchia y Bordei, en el valle de Centovalli, cerca de Ascona, de Locarno y Lago Mayor. El trabajo de equipo entre el arquitecto, el director de la Fundación Jurg Zbinden, el contratista Kurt Guillod, los artesanos y los jóvenes participantes y sus profesores contribuyó a la definición de métodos tradicionales de construcción altamente cualificados.

BERNARD DEHERTOGH & JEAN MEREAU

CASA DE MADEIRA EM VALENCIENNES, FRANÇA

Desde há alguns anos, o município de Valenciennes, ajudado pela Europa e pela região do Nord-Pas-de-Calais, encoraja a recuperação de bairros antigos do centro, há muito descurados. No sentido de evitar os erros que resultam de intervenções grosseiras em estruturas herdadas da Idade Média, os arquitetos, autores de outras reconstruções em casas antigas, têm por ambição consolidar a frágil paisagem urbana de Valenciennes de edifícios modestos mas que têm valor de referência, tanto para a sua arquitetura, tamanho, materiais como para os seus modos de construção. Eles demonstraram, com esta casa em madeira, as potencialidades sempre intactas de uma arte de construção tradicional que permite fazer casas modernas adaptadas aos espaços estreitos das cidades medievais.

CASA DE MADERA, VALENCIENNES, FRANCIA

Desde hace algunos años, la municipalidad de Valenciennes, ayudada por Europa y por la región del Nord-Pas-de-Calais, alienta a la restauración de barrios antiguos del centro que estaban hace mucho descuidados. Para evitar los errores que resultan de intervenciones groseras en estructuras heredadas de la Edad Media, los arquitectos, autores de otras reconstrucciones en casas antiguas, tienen como ambición consolidar el frágil paisaje urbano de Valenciennes de edificios modestos pero que tienen valor de referencia tanto para su arquitectura, tamaño y materiales como para sus modos de construcción. Ellos demostraron, con esa casa de madera, las potencialidades siempre intactas de un arte de construcción tradicional que permite hacer casas modernas adaptadas a los espacios angostos de las ciudades medievales.

MARCEL KALBERER

ARQUITETURAS VIVAS

Ao interessar-se por um dos mais antigos sistemas de construção do mundo, o de juncos entrançados, que era utilizado há mais de 5000 anos pelos mesopotâmios para construir as suas habitações, em 1984 Marcel Kleberer teve a ideia de fazer estruturas vegetais flexíveis obtidas a partir de ramos de salgueiro plantados no solo. Ao dobrá-los e montá-los, ele inventa abrigos naturais, vivos e evolutivos, em forma de túnel, de cúpula, de pavilhão, de palácio, de catedral. Para levar a cabo estas construções híbridas, o arquiteto convocou estudantes e voluntários, que vieram de diferentes países europeus, e que por vezes chegaram a ser 600 por estaleiro. As loucuras modernas de Kalberer construídas nos parques por ocasião de eventos comemorativos tornaram-se rapidamente atrações turísticas muito populares.

ARQUITECTURAS VIVAS

Al interesarse por uno de los más antiguos sistemas de construcción del mundo, el de juncos trenzados, que era utilizado hace más de 5.000 años por mesopotámicos para construir sus habitaciones, Marcel Kalberer tuvo la idea de hacer, a partir de 1984, estructuras vegetales flexibles obtenidas a partir de ramas de sauces plantados en el suelo. Cuando los dobla y los monta, inventa refugios naturales, vivos y evolutivos, con la forma de un túnel, de una cúpula, de pabellón, de palacio y de catedral. Para llevar a cabo estas construcciones híbridas, el arquitecto convocó a estudiantes y voluntarios, que vinieron de distintos países europeos, y que fueron a veces alrededor de 600 por astillero. Las locuras modernas de Kalberer construidas en los parques para eventos conmemorativos se volvieron rápidamente atracciones turísticas muy populares.

CÉSAR PORTELA

CEMITÉRIO DE FISTERRA, ESPANHA

O arquiteto distancia-se da tradição do *campo santo* fechado sobre si mesmo e considera o cemitério como um prolongamento da natureza, do céu, do mar e da montanha. Organiza uma sucessão de cubos de granito que se inscrevem na topografia acidentada e na paisagem primitiva do Nordeste da Galiza.
À maneira do pintor romântico Arnold Boecklin, que ele aprecia, Portela exprime aqui menos um programa do que um lugar onde se misturam os sentimentos de melancolia e de esperança.

CAMPOSANTO DE FINISTERRA, ESPAÑA

El arquitecto toma sus distancias con la tradición del camposanto cerrado sobre sí mismo y considera el cementerio como un prolongamiento de la naturaleza, del cielo, del mar y de la montaña. Organiza una sucesión de cubos de granito que se inscriben en la topografía accidentada y en el paisaje primitivo del nordeste de Galicia.
Como el pintor romántico Arnold Boecklin que aprecia, Portela exprime aquí un programa menos que un lugar donde se mezclan los sentimientos de melancolía y de esperanza.

2005

DEPOIS DA GUERRA

Depois da guerra como meio de fazer cinema com o desembarque americano em Mogadíscio, Depois do cinema como meio de fazer a guerra com o filme *Apocalypse Now*, Depois da arquitetura como meio de fazer a guerra com a obra do arquiteto Zaha Hadid, Depois da arquitetura como meio de fazer cinema com a exposição anual de Archilab, Eis, finalmente, o cinema como meio de fazer a arquitetura de Emir Kusturica com a aldeia de Küstendorf para o filme *A Vida É Um Milagre*.

Quando o cinema, disciplina efémera na duração de rodagem, produz lugares e formas, combate a precaridade para produzir uma atividade social, chega-se ao universo encantatório de Merlin. Sem culpabilidade, o cineasta aborda o território da perenidade ao construir uma aldeia da perspetiva teórica da não invenção, ao proceder sem remorsos pela imitação do antigo. As casas ali estão, notáveis, belas, sólidas, sabiamente construídas na memória e na escrita de uma tecnologia do lugar. Sem arquiteto, sem urbanista, sem concertação demagógica, sem processo pedagógico, o cineasta construtor produz eficácia e incute poesia no quotidiano das pessoas. É também uma cultura da eficácia que, paradoxalmente, nasce de um desejo efémero: o tempo técnico da rodagem de um filme. Mas no seu balanço, a tradição construtiva testemunha um ato cultural de grande combate. Responsável, mas não culpado, Kusturica

DESPUÉS DE LA GUERRA

Después de la guerra como medio para hacer cine con el desembarco americano en Mogadiscio; después del cine como medio para hacer la guerra con la película *Apocalipse Now*; después de la arquitectura como medio para hacer la guerra con la obra del arquitecto Zaha Hadid; después de la arquitectura como medio para hacer cine con la exposición anual de Archilab, he aquí, finalmente, el cine como medio para hacer arquitectura de Emir Kusturica con el pueblo de Küstendorf para la película *La vida es un milagro*.

Cuando el cine, disciplina efímera en la duración del rodaje, produce lugares y formas, combate la precariedad para producir una actividad social, se llega al universo del encantamiento de Merlin. Sin culpabilidad, el cineasta aborda el territorio de la perennidad al construir un pueblo bajo la perspectiva teórica de la no invención, al proceder sin remordimientos por la imitación de lo antiguo. Las casas ahí están, notables, bellas, sólidas, sabiamente construidas en la memoria y en la escritura de una tecnología del lugar. Sin arquitecto, sin urbanista, sin concertación demagógica, sin proceso pedagógico, el cineasta constructor produce eficacia e infunde poesía en lo cotidiano de las personas. Es también una cultura de la eficacia que, paradójicamente, nace de un deseo efímero: el tiempo técnico del rodaje de una película. Pero en su balance, la tradición constructiva es testimonio de un acto cultural de gran combate.

atomiza as últimas convicções culturais que deixarão ainda crer que a modernidade seria o Jean Valjean de *Os Miseráveis*. A aventura iluminada; é uma vitória contra o cinismo, o derrotismo e cretinismo. Reciclada, a aldeia do cinema considera o cinema um meio de fazer arquitetura. Os promotores, os bancos, a burocracia e tudo o mais posto fora de combate. Em Küstendorf, a aldeia é um milagre, faz guerra à mediocridade. A verdadeira profecia dos irmãos Tarabic é esta; aquela que se pensava já não ser possível; ter um projeto romântico radical para transformar um real que não o é. Recusar a utopia para se colocar em perigo no sentido de melhorar o mundo. Acreditar que a poesia é uma arte de carne e osso. Küstendorf é tão macia quanto a cultura rock.

Responsable, pero no culpado, Kusturica atomiza las últimas convicciones culturales que dejarán aun creer que la modernidad sería el Jean Valjean de *Los Miserables*. La aventura iluminada; es un triunfo contra el cinismo, derrotismo y cretinismo. Reciclado, el pueblo del cine considera el cine como un medio para hacer arquitectura. Los promotores, los bancos, la burocracia y todos los más puestos fuera de combate. En Küstendorf, el pueblo es un milagro, hace la guerra a la mediocridad. La verdadera profecía de los hermanos Tarabic es esta: la que se pensaba que no era posible; tener un proyecto romántico radical para transformar un real que no lo es. Recusar la utopía para ponerse en peligro en el sentido de mejorar el mundo. Acreditar que la poesía es un arte de carne y hueso. Küstendorf es tan suave en cuanto a la cultura rock.

Rudy Ricciotti

EMIR KUSTURICA

ALDEIA DE KÜSTENDORF, SÉRVIA

O júri premeia, assim, o cineasta e músico que reproduziu a arquitetura original do seu país como fator de pacificação, fonte de reconforto e estímulo para a economia turística da região.
Emir Kusturica mandou construir esta aldeia tradicional nos locais de rodagem de *A Vida É Um Milagre*, a sudoeste de Belgrado, próximo de Visegrad, perto da fronteira com a Bósnia e da cidade de Sarajevo. Ele dá uma segunda vida aos vários quilómetros de via férrea construída para o filme.

PUEBLO DE KÜSTENDORF, SERBIA

El jurado premia, así, al cineasta y músico que ha reproducido la arquitectura original de su país como factor de pacificación, fuente de confort y estímulo para la economía turística de la región.
Emir Kusturica hace construir este pueblo tradicional en los locales de rodaje de *La vida es un milagro*, al sudoeste de Belgrado, cerca de Visegrad, junto a la frontera con Bosnia y de la ciudad de Saraejo. Él da una segunda vida a varios kilómetros de ferrocarril construidos para la película.

ARIEL BALMASSIÈRE

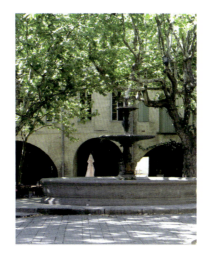

RESTAURAÇÃO DA CIDADE DE UZÉS, FRANÇA

A cidade, que estava quase inalterada desde o fim do século XVIII, conheceu a partir da década de 60 um processo de ruína que se foi acelerando (imóveis a ruírem, os interiores de blocos de habitação com infiltrações, etc.).

Pelo exercício quotidiano da sua profissão, apoiado por uma vocação sustentada numa sensibilidade, ética filosófica e moral, Ariel Balmassière deu, desde 1968, uma contribuição exemplar para o renascimento e reconstrução desta pequena cidade histórica, arquétipo da cidade meridional, que floresceu no século das Luzes. É o autor, em 2004, do estudo de renovação e extensão da zona protegida da cidade de Uzés.

RESTAURACIÓN DE LA CIUDAD DE UZÉS, FRANCIA

La ciudad, que estaba casi inalterada desde finales del siglo XVIII, conoció a partir de la década de 1960 un proceso de ruina que se fue acelerando (colapso de inmuebles, interiores de bloques de viviendas saturados, etc.).

Por el ejercicio cotidiano de su profesión, apoyado por una vocación sustentada en una sensibilidad ética, filosófica y moral, Ariel Balmassière dio, desde 1968, una contribución ejemplar al renacimiento y reconstrucción de esta pequeña ciudad histórica, arquetipo de la ciudad meridional que floreció en el siglo de las Luces. Es el autor, en 2004, del estudio de renovación y extensión de la zona protegida de Uzés.

PEDRO PACHECO & MARIE CLÉMENT

MUSEU, IGREJA E CEMITÉRIO DA ALDEIA DA LUZ, PORTUGAL

A seguir à construção da barragem do Alqueva no rio Guadiana, no Sul de Portugal, a aldeia da Luz foi submersa. Os seus habitantes, como os seus recintos, tiveram de ser deslocados. A fundação do lugar, constituída pela igreja de Nossa Senhora da Luz, pelo cemitério e pelo museu visam criar, numa nova situação geográfica e topográfica, as analogias com o lugar da antiga igreja.

No seu meio rural, em que a técnica surge da manipulação da matéria, a atualização da tradição e dos materiais locais reaproximam o ato de construir de um processo natural de construção da paisagem.

MUSEO, IGLESIA Y CAMPOSANTO DE ALDEIA DA LUZ, PORTUGAL

Después de la construcción de la presa de Alqueva en el río Guadiana, al sur de Portugal, la aldea da Luz fue sumergida. Sus habitantes, como sus recintos, tuvieron que ser desplazados. La fundación del lugar, constituida por la iglesia de Nossa Senhora da Luz, por el camposanto y por el museo tienen por objetivo crear, en una nueva situación geográfica y topográfica, las analogías con el lugar de la antigua iglesia.

En su medio rural, donde la técnica surge de la manipulación de la materia, la actualización de la tradición y de los materiales locales acerca el acto de construir de un proceso natural de construcción del paisaje.

JACQUES MOULIN

ESTALEIRO EXPERIMENTAL DE GUÉDELON E RESTAURAÇÃO DE PROVINS, BRIE-COMTE-ROBERT E BRANLY-LES-TOURS, FRANÇA

O estaleiro experimental do castelo de Guédelon e a restauração de monumentos de Provins, Brie-Comte-Robert e Brandy-les-Tours montado pelo arquitecto-chefe dos Monumentos Históricos, Jacques Moulin, são de experimentação de técnicas de construção antigas que questionam certezas e lugares comuns sobre a maneira de apreender tanto as restaurações como os aspetos filosóficos do ato arquitetónico.

ASTILLERO EXPERIMENTAL DE GUÉDELON Y RESTAURACIÓN DE PROVINS, BRIE-COMTE-ROBERT E BRANLY-LES TOURS, FRANCIA

El cantero experimental del castillo de Guédelon y la restauración de Provins, Brie-Comte-Robert y Grandy-les-Tours abierto por el arquitecto jefe de los Monumentos Históricos, Jacques Moulin, son de experimentación de técnicas de construcción antiguas que ponen en causa certezas y lugares comunes sobre la manera de aprender las restauraciones como los aspectos filosóficos del acto arquitectural.

ALEKSANDER WOLODARSKI

REMODELAÇÃO DO LUGAR DO HOSPITAL SANKT ERIK EM ESTOCOLMO, SUÉCIA

O novo bairro é construído no lugar do hospital Sankt Erik, em Estocolmo, a partir dos projetos do arquiteto urbanista Aleksander Wolodarski, que tanto pelo seu urbanismo de ruas, parques e loteamento, como pela beleza clássica das suas arquiteturas, propõe um ambiente urbano de qualidade duradoura.

REMODELACIÓN DEL LUGAR DEL HOSPITAL SANKT ERIK, ESTOCOLMO, SUECIA

El nuevo barrio es construido en el lugar del hospital Sankt Erik, Estocolmo, a partir de los proyectos del arquitecto urbanista Aleksander Wolodarski que, tanto por su urbanismo de calles, parques y parcelación, como por la belleza clásica de sus arquitecturas, propone un ambiente urbano de calidad duradera.

CÉSAR PORTELA

MUSEU DO MAR DA GALIZA, EM VIGO, ESPANHA

Uma obra do arquiteto César Portela que, através de uma arquitetura austera e concisa, realça a imensidade e a beleza do mar e do céu e dá a ver *um espetáculo reservado habitualmente aos marinheiros, aos pescadores e aos deuses.* Uma arquitetura lógica que demonstra que se pode construir nas orlas marítimas sem as destruir e que faz com que se reencontrem a terra e o oceano, a geometria e a natureza, a tradição e a modernidade, o classicismo e a vanguarda.

MUSEO DEL MAR DE GALICIA, VIGO, ESPAÑA

Una obra del arquitecto César Portela que, a través de una arquitectura austera y concisa, realza la inmensidad y la belleza del mar y del cielo y ofrece *un espectáculo reservado habitualmente a los marinos, a los pescadores y a los dioses.* Una arquitectura lógica que demuestra que se puede construir en las orillas marítimas sin destruirlas y que hace que se reencuentren la tierra y el océano, la geometría y la naturaleza, la tradición y la modernidad, el clasicismo y la vanguardia.

2008

PARA O NOVO URBANISMO EUROPEU

Em 2005, o prémio foi atribuído a Emir Kusturica pela aldeia de Küstendorf construída e concebida por ele na Sérvia ao estilo local tradicional. Ao atribuir um prestigioso prémio de arquitetura a um cineasta, não foi somente uma realização original que foi recompensada, mas também, para o júri internacional, uma ocasião de afirmar que o ato de construir não deve ser o couto privado de uma corporação. O Prémio Rothier 2008 passa por mais uma etapa ao atribuir um prémio a dez bairros selecionados entre cerca de 250 obras construídas na Europa nos últimos 25 anos. O júri quis desta vez dizer que a proliferação do caos dos subúrbios não é uma inevitabilidade social. Quando os cidadãos se organizam, quando os políticos eleitos têm vontade de mudar, é sempre possível construir excelentes bairros, que constituem a resposta mais eficaz aos problemas colocados pela convivência de uma maneira cívica e responsável.

O modo de vida alienante e discriminatório que se tornou o quotidiano dos habitantes de muitos subúrbios e de empreendimentos suburbanos explica-se em grande parte pela necessidade, logo após a Segunda Guerra Mundial, de dar respostas rápidas às questões da habitação, das deslocações e da industrialização maciça da Europa. Pode-se compreender que uma tal mudança de escala tenha sido causa de desorientação, do abandono de valores, mas também um terreno fértil para os aprendizes de feiticeiro.

PARA UN NUEVO URBANISMO EUROPEO

En 2005, el premio fue atribuido a Emir Kusturica por el pueblo de Küstendorf construido y diseñado por él en Serbia al estilo local tradicional. Al conceder un prestigioso premio de arquitectura a un director de cine, no fue únicamente una realización original que fue distinguida, sino, para el jurado internacional, fue una ocasión de afirmar que el hecho de construir no debe ser el coto privado de una corporación.

El Premio Rothier 2008 pasa por una etapa más al conceder un premio a diez barrios seleccionados entre casi 250 proyectos construidos en Europa en los últimos veinte años. El jurado quiso de esta vez decir que la proliferación del caos de las periferias no es una inevitabilidad social. Cuando los ciudadanos se organizan, cuando los políticos elegidos tienen voluntad de cambiar, es siempre posible construir excelentes barrios que constituyen la respuesta más eficaz a los problemas planteados por la convivencia de una manera cívica y responsable.

El modo de vida alienante y discriminante que se volvió cotidiano, de los habitantes de muchas periferias y parcelaciones suburbanas se explica en gran parte por la necesidad, después de la Segunda Guerra Mundial, de dar respuestas rápidas a las cuestiones de vivienda, desplazamientos e industrialización masiva de Europa.

As estruturas urbanas tradicionais foram então criticadas pela maioria dos profissionais e o ensino da arquitetura foi adaptado à nova ordem, a das urbanizações, dos edifícios altos e torres de habitação, do automóvel triunfante, dos centros direcionais e dos supermercados. A dissecação da cidade em zonas monofuncionais é rapidamente o eco de planeamentos sociais, segregacionistas e étnicos, pois o desaparecimento do bairro arrasta consigo a integração urbana, a emergência de guetos e da intolerância. Os próprios vocábulos são alterados, aos belos nomes de parques e jardins sucedem o escatológico corredor verde e o duvidoso espaço tampão.

Então, quando o estado inquietante do planeta tão maltratado tornou esses temas triviais, a profissão alinhou-se oportunamente sob a bandeira da ecologia redentora, da alta qualidade ambiental e do heroísmo artístico vítima de todos os perversos da promoção e da administração. Qual cereja em cima do bolo, a panóplia é oferecida numa embalagem de linguagem abstrusa, envernizada, na qual tropeçam os ataques dos raros críticos que ousam ainda exprimir-se.

A ideia da cidade com o seu tecido urbano e os seus monumentos que refletem as tensões e os compromissos de uma sociedade e também as nobres aspirações dos cidadãos foi substituída, em nome do dogma da criatividade, por um ambiente que será constituído por uma acumulação de obras-primas de autoproclamados génios que deverão ser admiradas sem tocar. Mas este fantástico mundo desagrega-se por dentro como a queda do muro de Berlim exprimia a ruína de um regime sem fôlego nem argumentos. O custo progressivo da urbanização tornou-se proibitivo e o recurso aos arranha-céus que alguns autarcas ainda hoje acenam ao gosto dos novos-ricos, um engodo, uma vez que estes isolam o *habitat* e provocam fatores negativos colaterais.

Nos Estados Unidos, onde moralismo e romantismo são secundários em relação à eficácia e onde os críticos não são sistematicamente apodados de populistas, constituiu-se um movimento, há cerca de

Se puede entender que tal cambio de escala haya sido causa de desorientación, de abandono de valores, pero también, un terreno bendecido para los aprendices de hechicero.

Las estructuras urbanas tradicionales fueron entonces criticadas por la mayoría de los profesionales y la enseñanza de arquitectura adaptada a la nueva orden, la de las parcelaciones, de los edificios grandes y torres de viviendas, del automóvil triunfante, de los centros direccionales y de los supermercados. La disecación de la ciudad en zonas monofuncionales es rápidamente el eco de planeamientos sociales, segregacionistas y étnicos porque la desaparición del barrio lleva con él la integración urbana, la emergencia de guetos y la intolerancia. Los mismos vocablos son alterados, a los bellos nombres de parques y jardines le suceden el escatológico corredor verde y el dudoso espacio tapón.

Entonces, cuando el inquietante estado del planeta tan maltratado volvió a esos temas triviales, la profesión se alineó oportunamente bajo la bandera de la ecología redentora, de la gran calidad ambiental y del heroísmo artístico víctima de todos los perversos de la promoción y de la administración. Como una guinda en la tarta, la panoplia es ofrecida en un embalaje de lenguaje abstruso, barnizado, en el cual tropiezan los ataques de los pocos críticos que osan aun a exprimirse.

La idea de la ciudad con su tejido urbano y sus monumentos que reflecten tensiones y compromisos de una sociedad y también las nobles aspiraciones de los ciudadanos fue sustituida, en nombre del dogma de la creatividad, por un ambiente que será constituido por una acumulación de obras-maestras de autoproclamados genios que deberán ser admiradas sin tocar. Pero este fantástico mundo se desagrega por dentro como la caída del muro de Berlín exprimía la ruina de un régimen sin aliento ni argumentos. El coste progresivo de la urbanización se volvió prohibitivo y el recurso a los rascacielos que algunos alcaldes aun hoy blanden al gusto de los nuevos-ricos, un

20 anos, com o objetivo de alterar a maneira de urbanizar o país: o New Urbanism. Este concede um lugar mínimo ao automóvel e sobretudo preconiza a construção de bairros urbanos feitos de ilhas que incluem atividades e serviços diversos. Não só já não se constrói hipermercados nos Estados Unidos, mas constrói-se no seu lugar novos bairros cuja arquitetura se inspira frequentemente em estilos europeus. O tom relativamente ao New Urbanism não visa a forma urbana, mas o conteúdo. O mundo anglo-saxónico reflete o urbanismo em termos de comunidades, ou seja, em termos de grupos sociais ou étnicos homogéneos, embora a tradição urbana europeia ponha a cidade, ou seja, o conjunto dos cidadãos sem distinção, no centro da sua reflexão. O recrudescimento do outro lado do Atlântico do urbano chegará à Europa? O velho continente não estará confrontado com um individualismo irreversível incompatível com a construção de cidades e de bairros tradicionais que impliquem uma mentalidade de partilha? Ao apontar o dedo à moradia e ao carro, que muitos consideram como um direito adquirido, não se estará a correr o risco de uma avalanche de indignação e revolta? O Prémio Rothier de 2008 vem a propósito mostrar que não é o caso e que não há uma fatalidade dos subúrbios caóticos, das cidades corrompidas, de loteamentos a perder de vista. Os projetos sucintamente apresentados nas páginas que se seguem são apreciados pelos seus habitantes, sustentados num mesmo princípio: são todos diferentes e integram os gostos, as tradições, os modos de vida locais e, porque não dizê-lo, universais. Não há aqui lugar para a banalidade, o anonimato e respostas esperadas. Raro país a não ter cedido inteiramente às sereias funcionalistas e à vaga de vivendas, a Espanha continua a estender as suas cidades na tradição de planificação, ou seja, de crescimento racional.

Vingança daqueles que a história da arquitetura deixara à beira do caminho. O prémio escolheu evidenciar os projetos que respondem às interrogações mais atuais: as da mescla urbana e social, da integra-

cebo, porque estos aíslan el hábitat y provocan factores negativos colaterales.

En Estados Unidos, donde moralismo y romanticismo son secundarios en relación a la eficacia y donde los críticos no son sistemáticamente tachados como populistas, se constituyó un movimiento, hace unos veinte años, con el objetivo de cambiar la manera de urbanizar el país: el New Urbanism. Este atribuye un pequeño lugar al automóvil y preconiza sobre todo la construcción de barrios urbanos hechos de islas comprendiendo actividades y servicios diversos. No sólo no se construye ya hipermercados en Estados Unidos, sino se construye en su lugar nuevos barrios cuya arquitectura se inspira frecuentemente en estilos europeos. El tono relativamente al New Urbanism no tiene por objetivo la forma urbana, sino el contenido. El mundo anglosajón refleja el urbanismo en términos de comunidades, es decir, en términos de grupos sociales o étnicos homogéneos, aunque la tradición urbana europea sitúe la ciudad, o sea, al conjunto de los ciudadanos sin distinción, en el centro de su reflexión. ¿Llegará a Europa el recrudecimiento de lo urbano de la otra margen del Atlántico? ¿El viejo continente no estará confrontado con un individualismo irreversible, incompatible con la construcción de ciudades y de barrios tradicionales que impliquen una mentalidad de compartir? ¿Al apuntar el dedo hacia la vivienda y al coche, que muchos consideran como un derecho adquirido, no existirá el riesgo de una avalancha de indignación y revuelta? El Premio Rothier de 2008 muestra de hecho que no es el caso y que no hay una fatalidad de los suburbios caóticos, de las ciudades corrompidas, de las parcelaciones a perder de vista. Los proyectos sucintamente presentados en las páginas siguientes son apreciados por sus habitantes, sostenidos en un mismo principio, son todos diferentes e integran los gustos, las tradiciones, los modos de vida locales, y por qué no decirlo, universales. Aquí no hay lugar para la banalidad, anonimato y respuestas esperadas. Raro es el país que no

ção, das relações intergeracionais, da limitação das deslocações em automóvel, da durabilidade, da economia de energia, da poluição. Após mais de meio século de indiferença, a cidade tradicional policêntrica, com os seus bairros, ruas, praças, surge então como a resposta mais eficaz e apropriada a estas questóes, à falta de ser a mais perfeita. A tradição outra coisa não é que o reconhecimento dos hábitos que fazem o que somos e nos tornam tão semelhantes e tão diferentes. É a mão estendida às gerações que nos precederam e nos legaram cidades únicas, vulneráveis, frágeis, mas que são mais do que nunca, nestes tempos de reconciliação com a sabedoria urbana, fontes de inspiração para o presente.

O bairro ideal do cidadão é aquele onde ele encontra tudo, que tem um centro, ruas e praças onde se desloca principalmente a pé, onde a habitação social está perfeitamente integrada nas ilhas e onde não se aponta o dedo.

ha cedido enteramente a las sirenas funcionalistas y al espacio de chalés, España continúa ensanchando sus ciudades en la tradición de la planificación, es decir, del crecimiento racional.

Venganza de aquellos que la historia de la arquitectura abandonó al borde del camino. El premio eligió evidenciar los proyectos que responden a las interrogaciones más actuales: de la mezcla urbana y social, integración, relaciones intergeneracionales, limitación de la circulación en automóvil, durabilidad, economía de energía, polución. Después de más de medio siglo de indiferencia, la ciudad tradicional policéntrica con sus barrios, calles, plazas, surge entonces como la respuesta más eficaz y apropiada a estas cuestiones, a falta de ser la más perfecta. La tradición no es otra cosa que el reconocimiento de los hábitos que hacen lo que nosotros somos y nos hacen tan semejantes y diferentes. Es la mano extendida a la generaciones que nos precedieron y nos legaron ciudades únicas, vulnerables, frágiles más que nunca, en estos tiempos de reconciliación con la sabiduría urbana, fuentes de inspiración para el presente.

El barrio ideal del ciudadano es aquel donde encuentra todo, que tiene un centro, calles y plazas por donde se desplaza principalmente a pie, donde la vivienda social está perfectamente integrada en las islas y donde no se apunta con el dedo.

Maurice Culot

FRANÇOIS SPOERRY, XAVIER BOHL, MARC & NADA BREITMAN

PLESSIS-ROBINSON, FRANÇA

Em vinte anos, a cidade de Plessis-Robinson, na periferia de Paris, mudou muito de aspeto. A partir de 1989, o centro da cidade foi construído segundo os planos de François Spoerry, autor de Port-Grimaud e um dos fundadores do *New Urbanism*. Em 2001, a antiga cidade-jardim foi inteiramente repensada e reconstruída. Os edifícios e as torres dos anos 30 e 60 deram lugar a novos bairros, densos e mistos, articulados por ruas, praças, um mercado coberto, jardins e parques públicos. A deprimente uniformidade funcionalista desapareceu em benefício da variedade, da complexidade e da convivialidade. Notavelmente, a habitação social está inteiramente integrada no tecido urbano e não se distingue de outras construções.

PLESSIS-ROBINSON, FRANCIA

En veinte años, la ciudad de Plessis-Robinson, situada en las afueras de París, ha cambiado mucho de aspecto. Desde 1989, el centro de la ciudad fue construido de acuerdo a los planos de François Spoerry, autor de Port-Grimaud y uno de los fundadores del *New Urbanism*. En 2001, la antigua ciudad-jardín fue totalmente repensada y reconstruida. Los edificios y torres de los años de 1930 y 1960 dieron paso a nuevos barrios, densos y mixtos, articulados por calles, plazas, un mercado cubierto, jardines y parques públicos. La deprimente uniformidad funcionalista desapareció en favor de la variedad, de la complejidad y de la convivialidad. Cabe destacar que la vivienda social está totalmente integrada en el tejido urbano y no se distingue de otras construcciones.

DISNEYLAND PARIS IMAGINEERING, COM COOPER, ROBERTSON & PARTNERS CONSULTANT

VAL D'EUROPE, ÎLE-DE-FRANCE, FRANÇA

Edificada a 35 quilómetros de Paris, a construção da nova cidade de Val d'Europe foi iniciada há 20 anos, segundo os princípios constitutivos da cidade europeia. Pela primeira vez, desde o pós-guerra, os urbanistas projetaram uma cidade constituída por bairros por onde se pudesse passear a pé e estruturada por ruas e praças. Foi concebida numa estratégia de desenvolvimento duradouro, ao procurar uma certa densidade e compacidade, com o cuidado de conservar os edifícios a uma escala convivial assim como espaços de respiração. Um bom sistema de transporte local, uma rede de parques, jardins e pistas de bicicletas, uma boa mistura urbana (emprego/habitação) encoraja os habitantes a não utilizar as suas viaturas e contribui para limitar os trajetos domicílio-trabalho.

VAL D'EUROPE, ÎLE-DE-FRANCE, FRANCIA

Edificada a 35 kilómetros de París, la construcción de la nueva ciudad de Val d'Europe fue iniciada hace veinte años, de acuerdo con los principios constitutivos de la ciudad europea. Por primera vez, desde la posguerra, los urbanistas proyectaron una ciudad constituida por barrios donde se puede pasear y estructurada por calles y plazas. Fue concebida en una estrategia de desarrollo duradero al buscar una cierta densidad y compacidad, teniendo cuidado de preservar los edificios en una escala de convivencia así como espacios de respiración. Un buen sistema de transporte local, una red de parques, jardines y circuitos de bicicletas, una buena mezcla urbana (empleo/viviendas) animan a la gente a no utilizar sus vehículos y contribuir a limitar sus trayectos de casa al trabajo.

GESELLSCHAFT HISTORISCHER NEUMARKT DRESDEN

RECONSTRUÇÃO DO BAIRRO DE NEUMARKT, DRESDEN, ALEMANHA

Durante o bombardeamento de Fevereiro de 1945, um terço da cidade de Dresden (15 km^2) foi arrasado. A cidade de Caspar David Friedrich, conhecida como a Florença do Elba, foi reconstruída durante o período comunista segundo as normas anti-urbanas do funcionalismo da época. Aquando da reunificação, em 1990, uma iniciativa dos cidadãos lança uma campanha para a reconstrução da Frauenkirche e, com grande sucesso, a Gesellachaft Historischer Neumarkt Dresden consegue que o município faça a reconstrução de grupos de casas em volta da igreja. Os novos imóveis retomam as características dos que foram destruídos e integram as noções contemporâneas de conforto, de ecologia, economia, energia e durabilidade. Com a reconstrução do bairro do Neumarkt (o novo mercado), Dresden reencontrou a sua identidade histórica como era desejado pela maioria dos seus habitantes.

RECONSTRUCCIÓN DEL BARRIO DE NEUMARKT, DRESDE, ALEMANIA

Durante el bombardeo de febrero de 1945, un tercio de la ciudad de Dresde (15 km^2) fue devastada. La ciudad de Caspar David Friedrich, conocida como la Florencia del Elba, fue reconstruida durante el período comunista según las normas anti urbanas del funcionalismo de la época. Durante la reunificación, en 1990, una iniciativa de la ciudadanía pone en marcha una campaña para la reconstrucción de la Frauenkirche, y con gran éxito, la Gesellachaft Historischer Neumarkt Dresde consigue que el Ayuntamiento realice la reconstrucción de un conjunto de casas alrededor de la iglesia. Los nuevos edificios recuperan las características de los que fueron destruidos e integran las nociones contemporáneas de confort, ecología, economía, energía y durabilidad. Con la reconstrucción del barrio de *Neumarkt* (el mercado nuevo), Dresde recobró su identidad histórica.

LEONARDO BENEVOLO, PIER LUIGI CERVELLATI, ITALO INSOLERA, GIOVANNI FATTA, TIZIANA CAMPISI, GUISEPPE COSTA, MARIO LI CASTRI, STEFANO LO PICCOLO, CALOGERO VINCI

RECONSTRUÇÃO DO CENTRO DA CIDADE DE PALERMO

O plano diretor privilegia a manutenção e a conservação do património arquitetónico existente e o restauro da cidade antiga tal como era antes da destruição durante a Segunda Guerra Mundial. A reconstrução dos terrenos baldios e das ruínas deve inspirar-se no que existia ou no que teria podido existir. Qualquer novo projeto começa por uma análise tipológica do lugar e dos seus arredores, um trabalho que assenta no conhecimento cultural e na consciência histórica. Para atrair investidores privados às zonas mais degradadas, a autarquia deu prioridade às intervenções nas propriedades públicas, de maneira a tornar o contexto urbano mais atrativo. As ajudas para a obtenção de licenças são igualmente concedidas aos privados que restaurem ou reconstruam edifícios. Foi rapidamente constatado um regresso dos habitantes ao centro da cidade e o renascimento da vida social.

RECONSTRUCCIÓN DEL CENTRO DE LA CIUDAD DE PALERMO

El plan director privilegia el mantenimiento y la conservación del patrimonio arquitectónico existente y la restauración de la ciudad antigua como era antes de la destrucción durante la Segunda Guerra Mundial. La reconstrucción de los terrenos baldíos y de las ruinas debe inspirarse en lo que existía o podía haber existido. Cualquier nuevo proyecto se inicia con un análisis tipológico del lugar y su entorno, un trabajo basado en el conocimiento cultural y la conciencia histórica. Para atraer a los inversores privados a las zonas más degradadas, el gobierno local dio prioridad a las intervenciones en el espacio público, con el fin de crear un entorno urbano más atractivo. Las ayudas para la obtención de licencias se conceden también a privados para restaurar o reconstruir edificios. Fue rápidamente observado un retorno de los residentes al centro de la ciudad y el renacimiento de la vida social.

LEON KRIER

POUNDBURY, DORCHESTER, GRÃ-BRETANHA

Poundbury é uma extensão da cidade de Dorchester, no Sul de Inglaterra, decidida pelo Príncipe de Gales. O projeto foi concebido de 1989 a 1995 por Léon Krier, um dos primeiros arquitetos a demonstrarem a validade do urbanismo tradicional europeu e das cidades policêntricas. Poundbury, que estará terminada em 2025, é composta por quatro bairros, cuja distância ao centro não excede os 10 minutos a pé. O traçado das ruas é irregular e constitui espaços públicos variados cuja geometria informal se inspira na das vilas e aldeias da região e se casa com uma arquitetura simples e prática. Para resolver o estacionamento das viaturas privadas, Krier inspirou-se nos *mews* (passagens interiores de acesso ao grupo de casas que serviam antes de estrebarias). Poundbury recebe, hoje, numerosas empresas e a taxa de satisfação dos seus habitantes e utilizadores é muito elevada.

POUNDBURY, DORCHESTER, GRAN-BRETAÑA

Prondbury es una extensión de la ciudad de Dorchester, en el sur de Inglaterra, deliberado por el Principe de Gales. Su proyecto fue diseñado desde 1989 a 1995 por Léon Krier, uno de los primeros arquitectos en demonstrar la validez del urbanismo tradicional europeo y de las ciudades policéntricas. Poundbury, que se terminará en 2025, tiene cuatro barrios cuya distancia al centro no supera los 10 minutos a pie. El trazado de las calles es irregular y constituye espacios públicos variados cuya geometría informal se inspira en los pueblos de la región y se casa con una arquitectura sencilla y práctica. Para resolver el aparcamiento de vehículos privados, Krier se inspiró en los *mews* (pasajes interiores de acceso a casas que servían antes de establos). Poundbury recibe hoy en día, numerosas empresas y el índice de satisfacción de sus residentes y usuarios es muy alto.

MICHAEL STOJAN, HOFMANN-SYFFUS-KNAACK, DÜSSELDORF

QUARTEIRÃO DA CÂMARA MUNICIPAL DE GLADBECK, ALEMANHA

Os dois imóveis de escritórios construídos em 1974, numa extensão da Câmara Municipal de 1908, estavam de tal maneira poluídos pelo amianto que o presidente decidiu destruí-los e iniciar estudos de urbanismo para definir a forma e a escala das novas construções. Insistiu para que os materiais se inspirassem no contexto: alvenaria em tijolo e pedras naturais cinzentas locais, telhados em telha e fachadas que não ultrapassassem os cinco andares. Quando os estudos terminaram, lançou-se um concurso em parceria público-privada. O projeto vencedor inclui uma ala que liga a Câmara Municipal aos novos edifícios, dispostos em torno de dois pátios interiores, um dos quais se destina à receção. A chegada à praça faz-se por uma passagem estreita que sugere uma antiga entrada de cidade. A nova praça valoriza os novos edifícios e tornou-se num lugar muito animado.

BLOQUE DEL AYUNTAMIENTO DE GLADBECK, ALEMANIA

Los dos edificios de oficinas construidos en 1974, una extensión del Ayuntamiento de 1908, estaban tan contaminados por el amianto que su alcalde decidió destruirlos e iniciar estudios de urbanismo para definir la forma y la escala de las nuevas construcciones. Insistió en que los materiales se inspirasen en el contexto: albañilería de ladrillo y piedras naturales grises locales, tejados de teja y fachadas que no superasen los cinco pisos. Cuando estos estudios se realizaron, un concurso en asociación público-privada se puso en marcha. El proyecto ganador incluyó un ala que conecta el Ayuntamiento a los nuevos edificios. Dispuestos alrededor de dos patios interiores uno de los cuales está destinado a la recepción. La llegada a la plaza se hace por un estrecho pasaje que sugiere una antigua entrada de la ciudad. La nueva plaza valoriza los nuevos edificios y se convierte en un lugar con mucho ambiente.

LÉON KRIER, GABRIELE TAGLIAVENTI

BORGO CITTÀ NUOVA, ALESSANDRIA, ITÁLIA

Este conjunto urbano, com 300 habitantes, foi construído no espaço de terrenos industriais abandonados e constitui a demonstração de que não é necessário fazer torres e arranha-céus para ter diversidade e densidade. A disposição dos imóveis de habitação e comerciais gera ruas com arcadas, duas praças públicas e uma esplanada de dimensões de características diferentes. As viaturas estacionam no subsolo, para que os peões possam passear agradavelmente pelos espaços públicos interiores no centro do conjunto.

BORGO CITTÀ NUOVA, ALESSANDRIA, ITALIA

Este conjunto urbano, con 300 habitantes, fue construido en el espacio de terrenos industriales abandonados y es la demonstración de que no es necesario hacer torres y rascacielos para tener diversidad y densidad. La disposición de los edificios de vivienda y comercios crea calles con arcadas, dos plazas públicas y una terraza de dimensiones de características diferentes. Los vehículos aparcan en el subterráneo para que los peatones puedan caminar agradablemente por los espacios públicos interiores en el centro del conjunto.

JOSÉ MANUEL ABALOS

ERROMES PLAZA, IRUN, ESPANHA

A praça está situada por baixo de uma escadaria monumental (Eskoleta Karrika), muito próxima da antiga igreja Santa Maria del Juncal. Constitui o centro de um novo bairro construído no exterior da antiga cidade, onde era antes o porto de Irun, e no espaço de terrenos industriais abandonados e de terrenos pantanosos. Abre-se com dois pórticos, à cabeceira da igreja e sobre o canal de Dunboa. A praça é uma interpretação moderna das praças tradicionais do País Basco, que eram muitas vezes utilizadas para as corridas de toiros. Dá a impressão de ser intemporal, construída para lá de qualquer fenómeno de moda; a sobriedade das suas linhas e a harmonia vertical fazem lembrar Auguste Perret.

ERROMES PLAZA, IRUN, ESPAÑA

La plaza está situada debajo de una escalera monumental (Eskoleta Karrika), muy cerca de la antigua iglesia de Santa María del Juncal. Es el centro de un nuevo barrio construido fuera del casco antiguo de la ciudad, donde estaba antes el puerto de Irún y en el espacio de terrenos industriales abandonados y de terrenos pantanosos. Se abre con dos pórticos, en la cabecera de la iglesia y sobre el canal de Dunboa. La plaza es una interpretación moderna de las plazas tradicionales vascas, que fueron utilizadas a menudo para las corridas de toros. Da la impresión de ser atemporal, construida allá de cualquier fenómeno de moda; la sobriedad de sus líneas y la armonía vertical hace recordar Auguste Perret.

L. KRIER & D. PLATER-ZYBERK, M. AUTHIÉ, ARCAS GROUP, P. CARLO BONTEMPI, P. CHOYNOWSKI, J. DE GASTINES, C. LEGLER, M. LELOUP,
M. HEENE, S. MALMQUIST, G. MONTHARRY, C. MULHERN, A. CASTRO NUNES & A. BRAGA, J. ROBINS, J. SIMPSON, B. WEISS, D. OLIVER

HEULEBRUG, KNOKKE-HEIST, BÉLGICA

O tema da cidade-jardim foi explorado no início do século XX com êxitos incontestáveis como os do Floréal e do Logis em Bruxelas, do bairro de Garbatella em Roma, da cidade-jardim Héliopolis em Sevilha… Abandonadas em benefício do urbanismo de edifícios altos e torres, as cidades-jardim reaparecem hoje como solução para a construção de bairros de densidade fraca ou média. Para ser eficaz, é necessário que sejam pensadas não como urbanizações monofuncionais, mas como autênticos bairros com edifícios públicos, comércio e espaços públicos. A cidade-jardim de Heulebrug está localizada a sul da gare e dá para a ampla paisagem dos Polders. Foi concebida pelos urbanistas americanos Duany e Platter-Ziberk, os principais promotores do *New Urbanism* nos Estados Unidos.

HEULEBRUG, KNOKKE-HEIST, BÉLGICA

El tema de la ciudad-jardín fue explorado en el siglo XX con éxitos incontestables como los del Floréal y Logis en Bruselas, el barrio de Gabartella en Roma, la ciudad-jardín Heliópolis en Sevilla… Abandonadas a favor del urbanismo de edificios altos y torres, las ciudades-jardín reaparecen hoy en día como una solución para la construcción de barrios de baja o mediana densidad. Para ser eficaces, es necesario que sean pensados no como parcelas mono funcionales, sino como auténticos barrios con edificios públicos, comercios y espacios públicos. La ciudad-jardín de Heulebrug está situada al sur de la estación y da al gran paisaje de Polders. Fue diseñada por los urbanistas Duany y Platter-Ziberk, los principales promotores del *New Urbanism* en los Estados Unidos.

AKADEMISKA HUS, UNIVERSIDADE MID DA SUÉCIA, TORBJÖRN EINARSSON AT ARKEN SE ARCHITEKTER AB

CAMPUS D'ÅKROKEN, SUNDSVALL, SUÉCIA

O novo campus de Åkroken acolhe a universidade de Sundsvall, principal cidade do centro da Suécia. Contrastando com um rígido ambiente construído resultante do urbanismo funcionalista, este *campus* convivial reconcilia-se com a arquitetura local e os coloridos da região, contrariamente aos *campuses* europeus compostos por uma sucessão caótica de imóveis isolados, construídos após a Segunda Guerra Mundial. Aqui, estudantes e professores passeiam nas ruas novas para ir de uma faculdade a outra, da biblioteca ao restaurante ou chegar através de uma passarela às áreas de estacionamento sobre o rio. Os telhados muito inclinados justificam-se por um clima marcado pela chuva e pela neve. Visto do rio, o *campus* parece uma pequena cidade medieval sueca. No interior, sentimo-nos como num centro de uma vila animada e à escala humana.

CAMPUS D'ÅKROKEN, SUNDSVALL, SUECIA

El nuevo campus de Åkroken acoge la universidad de Sundsvall, la principal ciudad del centro de Suecia. En contraste con un austero ambiente construido resultante del urbanismo funcionalista, este campus de convivencia se reconcilia con la arquitectura local y los colores de la región, a diferencia de los campus europeos hechos por una sucesión caótica de edificios aislados, construidos después de la Segunda Guerra Mundial. Aquí, los estudiantes y profesores pasean en las nuevas calles para ir de una facultad a otra, de la biblioteca al restaurante o llegar a través de una pasarela a las áreas de aparcamiento sobre el río. Los tejados muy inclinados están justificados por un clima marcado por la lluvia y la nieve. Observado desde río, el campus parece a una pequeña ciudad medieval sueca. En el interior, uno se siente como en el centro de un pueblo con mucho ambiente y a escala humana.

2011

A ARQUITETURA REENCONTRADA

O tema da sessão de 2011, «O Tempo das Reabilitações», destaca uma contradição característica do crescimento urbano em quase todos os países europeus: a tendência para expandir as cidades subtraindo espaços à paisagem agrícola, mesmo quando a quantidade dos edifícios existentes não utilizados ou mal utilizados é de longe superior às necessidades reais. Instaura-se, assim, em contrapartida à construção de novos bairros, fenómenos de abandono de zonas urbanas ainda utilizáveis, criando necroses no tecido urbano que provocam paralelamente um aumento das deslocações e um acesso sempre mais difícil aos equipamentos públicos. Podemos dizer que hoje a maioria das cidades europeias deverá ultrapassar os processos de crescimento quantitativo por um crescimento qualitativo recorrendo à renovação, restauração, reutilização ou substituição, quando necessário, de zonas urbanas degradadas.

O grande tema da sustentabilidade, aprisionado no conceito contraditório do «desenvolvimento sustentável», corre o risco de se esgotar na acumulação de boas intenções. Está destinado ao fracasso se não chegar a confrontar-se com o tema da regularização do desenvolvimento e do crescimento e se não se sabe reconsiderar os parâmetros

LA ARQUITECTURA REENCONTRADA

El tema de la sesión de 2011, «El Tiempo de las rehabilitaciones», subraya una contradicción característica del crecimiento urbano en casi todos países europeos: la tendencia a ensanchar ciudades, sustrayendo espacios al paisaje agrícola, mismo cuando la cantidad de los edificios existentes no utilizados o mal utilizados es de lejos superior a las necesidades reales. Se establece, así, como contrapartida a la construcción de nuevos barrios, fenómenos de abandono de zonas urbanas aun utilizables, creando necrosis en el tejido urbano que provocan paralelamente una acentuación de los desplazamientos y una accesibilidad siempre más difícil a los equipamientos públicos. Podemos decir que hoy la mayoría de las ciudades europeas deberá superar los procesos de crecimiento cuantitativo por un crecimiento cualitativo recurriendo a la renovación, restauración, reutilización o sustitución, cuando sea necesario, de zonas urbanas degradadas.

El gran tema de la sostenebilidad preso en el concepto contradictorio de «desarrollo sostenible» tiene el riesgo de agotarse en la acumulación de buenas intenciones. Estaba destinado al fracaso si no llega a confrontarse con el tema de la regularización del desarrollo y del crecimiento y si no se hubiese considerado los parámetros

económicos perante os quais se mede hoje a situação de sobrevivência de uma cidade ou de um povo.

A reabilitação revela-se, assim, para a cultura urbanística mais prevenida, o tema central prioritário por uma série de razões que quero enumerar antes de comentar. A saber: superar a oposição entre centros históricos e periferias, desenvolver estratégias que aproximem os locais de trabalho e de residência, encorajar a economia de energia e a luta contra as diversas formas de poluição, facilitar a gestão dos tecidos urbanos de valor histórico e ambiental.

A dicotomia artificial entre cidade antiga e cidade moderna gerou uma série de processos negativos, não somente para a organização correta do território urbano, mas também em matéria de fenómenos contraditórios, tanto no plano da perceção como no da ação política e administrativa. Esta dicotomia tem por efeito desorientar e distanciar os citadinos em função dos lugares onde habitam, determinando, primeiro, conflitos virtuais, prontos para se transformarem, desde que a ocasião se apresente, em conflitos reais.

A reabilitação dos edifícios antigos e novos permite a convivialidade e a proximidade com atividades diversificadas, fazendo com que antigo e novo se interpenetrem para reduzir os seus contrastes. Encontrar-se-á uma prova evidente deste efeito psicológico nas mudanças frequentes de destino, do uso e do ajustamento funcional dos espaços internos no interior de um envoltório inalterado devido ao seu valor cultural de memória histórica.

É assim que se realiza a interpenetração positiva entre os sinais e as condições ambientais que pertencem a épocas diversas e que o citadino chega a sentir-se à vontade numa cidade integralmente moderna na qual o papel do antigo não é o de forçar ou congelar a sobrevivência, mas assegurar a incontornável integração da experiência do devir e o reencontro entre gerações diversas, distantes no tempo mas próximas no espaço. É evidente que a reabilitação traz, no conjunto do organismo urbano, uma liberdade de aplicar uma estratégia das diferentes funções que podem facilitar a aproximação das casas dos locais de trabalho e vice-versa, uma vez que as antigas estruturas abandonadas têm geralmente uma grande flexibilidade de uso que permite também responder às novas exigências como permitir o redimensionamento dos lugares de produção.

Através da reabilitação, o tema da sustentabilidade pode receber um formidável impulso ao selecionar os edifícios a reabilitar em função da sua vocação para receber equipamentos para a captação de energias renováveis, suprimindo o potencial poluente das velhas instalações industriais ou simplesmente libertando espaços que contribuem para uma nova definição do palco urbano.

A gestão dos centros históricos pode tornar-se mais fácil e menos dispendiosa para as cidades se a reabilitação permitir, com uma estratégia temporal precisa, evitar os processos de deslocação das populações e de degradações sociais que atingem habitualmente os mais velhos do tecido urbano onde se concentram os imigrantes, fechados nos novos guetos da cidade moderna.

Os cem *dossiers* apresentados este ano ao Prémio Rotthier são uma prova reconfortante da mobilização da cultura europeia face ao tema da reabilitação. De acordo com a classificação proposta, os *dossiers* consideravam temas específicos como: a melhor restauração de um museu, a melhor transformação de um edifício religioso, a melhor fusão de atividades e de integração urbana, a melhor reabilitação de habitações, a melhor transformação de instalações industriais, o melhor exemplo de reconversão social e a melhor arquitetura saída da participação. O júri, que examinou uma centena de *dossiers*, escolheu oito obras exemplares e três outras que foram distinguidas pelas suas qualidades respetivas.

diversas, alejadas en el tiempo pero próximas en el espacio. Es evidente que la rehabilitación trae, en el conjunto del organismo urbano, una libertad de aplicar una estrategia de las diferentes funciones que pueden facilitar la aproximación de viviendas, de lugares de trabajo y viceversa, porque las estructuras abandonadas tienen en general una gran flexibilidad de uso que permite responder a las nuevas exigencias, así como permitir el redimensionamiento de lugares de producción.

A través de la rehabilitación, el tema de la sostenibilidad puede lograr un formidable impulso al seleccionar edificios para rehabilitar en función de su vocación para recoger equipamientos para la captación de energías renovables, suprimiendo el potencial contaminante de las viejas instalaciones industriales o simplemente liberando espacios que contribuyan a una nueva definición del escenario urbano.

La gestión de los centros históricos puede volverse más difícil y menos dispendiosa para las ciudades si la rehabilitación permite, con una estrategia temporal precisa, evitar los procesos de desplazamiento de la poblaciones y degradaciones sociales que alcanzan normalmente a los más mayores del tejido urbano donde se concentran los inmigrantes encerrados en los nuevos guetos de la ciudad moderna.

Los cien proyectos presentados este año al Premio Rotthier son una prueba reconfortante de la movilización de la cultura europea sobre la cuestión de la rehabilitación. De acuerdo con la clasificación propuesta, los proyectos consideraban temas específicos como: la mejor restauración de un museo, mejor transformación de un edificio religioso, mejor fusión de actividades y de integración urbana, mejor rehabilitación de viviendas, mejor transformación de instalaciones industriales, el mejor ejemplo de reconversión social y la mejor arquitectura salida de la participación. El jurado que

A decisão do júri de atribuir o primeiro prémio ao cinema Sil Plaz em Ilanz, na Suíça, acentua a importância de a atividade profissional do arquiteto nem sempre se desenrolar numa esfera separada da vida social, que não é uma contribuição técnica especializada que resolve por alto os problemas funcionais da sociedade, mas que pode por vezes, quando a ocasião se apresenta, ser o resultado de uma convergência natural de competências, de vontades, de desejos partilhados por um conjunto de pessoas, realizando uma obra concreta, uma experiência comunitária com um gosto ao mesmo tempo antigo e novo. Antigo porque faz pensar nas sociedades primitivas onde a criatividade espacial não é ainda inteiramente delegada no arquiteto. Particularmente presente e viva nas mulheres e na organização da casa, esta criatividade era fruto de um trabalho de grupo no qual a atividade mental e física, projeto e construção, se interpenetravam em tempo real. Novo porque a relação entre arquitetura e democracia é ainda, face a nós, irresoluta e fugidia e que para ser afrontada de uma maneira realista requer um envolvimento que ponha em causa o próprio mecanismo com o qual a arquitetura se apresenta, com a sua neutralidade técnica, no palco político-administrativo. Novo ainda porque o grupo de pessoas que se reconhece na responsabilidade que liga cada um de nós ao bem-estar na cidade pode adquirir uma nova sensibilidade aberta ao futuro, não como um programa pré-definido a realizar, mas como um «deserto do possível» em que cada um pode deixar a sua marca e sobre a qual as marcas sobrepostas de um grupo se imprimem muito mais que as daquele que caminha sozinho.

Nas suas primeiras edições, o prémio, nascido do amor de Philippe Rotthier pela ligação inseparável entre antropização e arquitetura, muito insistiu na recuperação de linguagens arquitetónicas capazes de exprimir os valores partilhados e no restabelecimento da ligação

examinó los cien proyectos eligió ocho obras ejemplares y otras tres que fueron distinguidas por sus respectivas cualidades.

La decisión del jurado al atribuir el premio al cine Sil Plaz en Ilanz, Suiza, acentúa la importancia del hecho de que la actividad profesional del arquitecto ni siempre se desarrolla en una esfera separada de la vida social, que no es una contribución técnica especializada que resuelve por alto los problemas funcionales de la sociedad, pero que por veces puede, cuando la ocasión se presenta, ser el resultado de una convergencia natural de competencias, de voluntades, de deseos compartidos por un conjunto de personas, que realizan una obra concreta, una experiencia comunitaria con un gusto a la vez antiguo y nuevo. Antiguo porque hace pensar en las sociedades primitivas donde la creatividad espacial no está aun delegada enteramente al arquitecto. Particularmente presente y viva en las mujeres y en la organización de la casa, esta creatividad fue fruto de un trabajo de grupo en el que la actividad mental y física, proyecto y construcción, se interpenetraban en tiempo real. Nuevo, porque la relación entre arquitectura y democracia es aun, para nosotros, irresoluta y esquiva y que requiere, para ser afrontada de una manera realista, una participación que ponga en causa el mecanismo mismo con el que la arquitectura se presenta, con su neutralidad técnica, en el escenario político-administrativo. Nuevo aun porque el grupo de personas que se reconoce en la responsabilidad que conecta cada uno de nosotros al bien estar en la ciudad puede adquirir una nueva sensibilidad abierta al futuro, no como un programa predefinido a realizar, sino como un «desierto del posible» en que cada uno puede dejar su marca y sobre esta las marcas sobrepuestas de un grupo imprímense mucho más que las de aquel que camina solo.

En sus primeras ediciones, el premio, que nació del amor de Philippe Rotthier por su unión inseparable entre antropización y

com a história gloriosa da cidade europeia. Face à Babel das linguagens que dominam a arquitetura contemporânea, esta sessão quer interrogar e reafirmar, como o indica o tema escolhido, a esperança de que a arquitetura poderá manter a sua marca ética para melhorar a vida dos homens num momento em que parece prevalecer uma involuntária mas desesperante vocação autodestrutiva.

Não é de somenos o mérito do prémio ter sempre procurado uma dimensão europeia, favorecendo assim a confrontação de analogias e diversidades de climas culturais nos diversos países europeus. Os países aos quais pertencem os projetos premiados e distinguidos são, além da Suíça, Alemanha, Itália, Espanha, Bélgica, Portugal, França e Islândia. Um resultado equilibrado no qual se distingue ainda, sobretudo nos países do Sul, características regionais e diferenças de sensibilidades. Os trabalhos do júri desenrolaram-se num clima de análise e de autonomia escrupulosas do exame dos *dossiers*, com uma discussão final serena que confirmou que a diversidade das linguagens não era obstáculo ao reconhecimento individual da qualidade, que no caso da reabilitação é complexo, uma vez que a habilidade expressiva é menos importante do que a capacidade para identificar os utilizadores da obra e realizar uma releitura inovadora dos valores percetivos do edifício a transformar.

Todos os membros do júri apreciaram unanimemente a qualidade do cinema Sil Plaz, um projeto defendido com perspicácia por Anna Heringer, onde a escolha e implementação dos materiais empregues pareceram exemplares, como a argila escolhida pelas suas qualidades fónicas e retirada, por assim dizer, da paisagem da região, assim como a pedra utilizada para as entradas. O júri também gostou da sobriedade com a qual os potenciais valores arquitetónicos foram, após investigação, extraídos e sublinhados, mais do que pretensiosamente criados. Uma arquitetura existente, anteriormente utilizada

arquitectura, insistió mucho en la recuperación de lenguajes arquitectónicos capaces de exprimir los valores compartidos y en el restablecimiento del vínculo con la historia gloriosa de la ciudad europea. Teniendo en cuenta la Babel de los lenguajes que dominan la arquitectura contemporánea, esta sesión quiere interrogar y reafirmar, como indica el tema elegido, la esperanza que la arquitectura podrá mantener en su marca ética para mejorar la vida de los hombres en un momento en el que parece prevalecer una involuntaria pero desesperante vocación autodestructiva.

No es irrelevante el merito del premio haber procurado siempre una dimensión europea, favoreciendo así la confrontación de analogías y diversidades de climas culturales en los diversos países europeos. Los países a los que pertenecen los proyectos premiados y distinguidos son además de Suiza, Alemania, Italia, España, Bélgica, Portugal, Francia e Islandia. Un resultado equilibrado en lo que se distingue aun, sobre todo en los países del sur, características regionales y diferencias de sensibilidades. Los trabajos del jurado se han desarrollado en un clima de análisis y de autonomía escrupulosa del examen de los proyectos, con una discusión final serena que confirmó que la diversidad de lenguajes no era un obstáculo al reconocimiento individual de la calidad, que en el caso de la rehabilitación es complejo porque la habilidad expresiva es menos importante que la capacidad para identificar los utilizadores de la obra y realizar una relectura innovadora de los valores perceptivos del edificio que se quiere transformar.

Todos los miembros del jurado apreciaron unánimemente la calidad del cine Sil Plaz, un proyecto defendido con perspicacia por Anna Heringer, donde la elección y la implementación de los materiales utilizados fueron ejemplares, como la arcilla seleccionada por sus calidades fónicas y retiradas, por decirlo así, del paisaje de la región,

197

como oficina de ferreiro com os traços da experiência passada em parte conservados (nomeadamente os que foram deixados no chão de cimento), que vêm ao nosso encontro, mas é seguidamente interpretada, transformada, revisitada, em suma: uma «arquitetura reencontrada».

como la piedra utilizada para las entradas. El jurado también apreció la sobriedad con que los potenciales valores arquitectónicos fueron, después de investigación, extraídos y subrayados, más que pretensiosamente creados. Una arquitectura existente, antes utilizada como oficina de herrero con los trazos de la experiencia pasada conservados en parte (sobre todo los que fueron dejados en el suelo de cimiento) que vienen a nuestro encuentro, pero que es interpretada, transformada, revisitada, en definitiva: una «arquitectura reencontrada».

Paolo Portoghesi

RAMUN FIDEL CAPAUL & GORDIAN BLUMENTHAL

CINEMA SIL PLAZ, ILANZ, SUÍÇA

Após dois anos de instalação provisória numa antiga fundição situada num imóvel do século XIX, os membros do «Film-club de Ilanz», pequena cidade alpina suíça, decidiram instalar uma sala de cinema permanente, podendo servir também para sala de concertos e de teatro. A superfície porosa da argila, proveniente de um vale da região, era especialmente necessária para a sala de cinema para absorver o som e para as condições acústicas exigidas pela presença de apartamentos nos andares superiores. Para as outras divisões, os arquitetos limitaram-se a reparar o revestimento original de cal. O antigo pavimento de cimento foi conservado, com as marcas de desgaste. Um exemplo particularmente convincente de diálogo realizado entre o arcaísmo e a tecnologia dos *media*.

CINEMA SIL PLAZ, ILANZ, SUIZA

Después de dos años de ubicación provisional en una antigua fundición que estaba en un edificio del siglo XIX, los miembros del «Film-club de Ilanz», pequeña ciudad alpina suiza, decidieron instalar una sala de cine permanente, que podía servir también como sala de conciertos y teatro. La superficie porosa de la arcilla, proveniente de un valle de la región, era especialmente necesaria para la sala de cine para absorber el sonido y las condiciones acústicas requeridas por la presencia de apartamentos en los pisos superiores. Para las otras salas, los arquitectos se limitaron a la reparación del recubrimiento original de cal. El antiguo piso de cemento fue conservado con sus marcas de desgaste. Un ejemplo particularmente convincente del diálogo mantenido entre el arcaísmo y la tecnología multimedia.

DAVID CHIPPERFIELD ARCHITECTS & JULIAN HARRAP

NEUES MUSEUM, BERLIM, ALEMANHA

Em 1997, o atelier de David Chipperfield ganha, em associação com Julian Harrap, o concurso para a restauração do Neues Museum, localizado na zona dos museus de Berlim e desenhado por Friedrich August Stüler no século XIX. Gravemente danificado durante a Segunda Guerra Mundial, a restauração devia restituir o volume original, reparar e restaurar as partes destruídas. A sequência original das salas foi, assim restabelecida e ligada às novas partes do museu. As zonas reconstruídas ou reparadas do Neues Museum foram modernizadas no quadro fixado pelas medidas de preservação histórica e os equipamentos instalados segundo os padrões internacionais. Em 2009, após mais de 60 anos em estado de ruína, o Neues Museum reabriu as suas portas ao público.

NEUES MUSEUM, BERLÍN, ALEMANIA

En 1997, el estudio de David Chipperfield gana, con Julian Harrap, el concurso para la restauración del Neues Museum ubicado en la zona de los museos de Berlín y diseñado por Friedrich August Stüler en el siglo XIX. Gravemente dañado durante la Segunda Guerra Mundial, la restauración debía reponer el volumen original, reparar y restaurar las partes destruidas. La secuencia original de las salas fue así recuperada y conectada a las nuevas partes del museo. Las zonas reconstruidas o reparadas del Neues Museum se modernizaron dentro del marco establecido por las medidas de preservación histórica y los equipos instalados de acuerdo con las normas internacionales. En 2009, después de más de 60 años en estado de ruina, el Neues Museum reabrió sus puertas al público.

DAP STUDIO ELENA SACCO & PAOLO DANELLI

BIBLIOTECA PÚBLICA ELSA MORANTE, LONATE, ITÁLIA

O antigo oratório San Michele albergava já uma biblioteca municipal quando são confiados aos arquitetos a sua idêntica restauração exterior, a remodelação interior nos dois níveis existentes na capela e a reconstrução do anexo. A forma truncada da nova ala responde ao desejo de conservar a prioridade visual ao oratório. Os dois volumes são ligados ao rés-do-chão por um vestíbulo e uma passagem estreita que liga o anexo e o piso da capela, agora afetada a uma sala de conferências e a um espaço de leitura. A qualidade dos planos, a simplicidade da remodelação, a precisão da escala e a confrontação dos volumes antigos e modernos dão a esta reintegração toda a sua singularidade.

BIBLIOTECA PÚBLICA ELSA MORANTE, LONATE, ITALIA

La antigua capilla San Michele alberga ya una biblioteca municipal cuando son confiados a los arquitetos su idéntica restauración exterior, la remodelación interior de los dos niveles existentes en la capilla y la reconstrucción del anexo. La forma truncada del nuevo ala responde al deseo de conservar la prioridad visual al oratorio. Los dos volúmenes están conectados a la planta baja por un vestíbulo y un pasaje estrecho que conecta el anexo y el piso de la capilla, ahora afectada a una sala de conferencias y a un espacio de lectura. La calidad de los proyectos, la sencillez de la remodelación, la precisión de la escala y la confrontación de los volúmenes antiguos y modernos dan a esta reintegración toda su singularidad.

5+1AA, ALFONSO FEMIA, GIANLUCA PELUFFO, SIMONETTA CENCI

RECONVERSÃO DE UM ESPAÇO DE REFRIGERAÇÃO, MILÃO, ITÁLIA

As câmaras frigoríficas de Milão, da rua Piranèse, foram construídas em 1899, como depósito para produtos alimentares e para as peles que se destinavam à indústria do vestuário. Uma vez que ali se fabricava frio, foi decidido em 1923 construir um Palácio de Gelo de 6000 m² – o ringue de patinagem de Milão – concebido como um circo clássico com uma pista central ladeada de tribunas periféricas. Em 1999, o *atelier* 5+1AA toma a cargo a reabilitação e deseja criar «um efeito de quarteirão» na rua Piranèse então caída em letargia depois do encerramento do ringue de patinagem. O Palácio do Gelo recebe manifestações socioculturais e o edifício das câmaras frigoríficas serve de lugar de conservação e restauro de obras de arte. Os arquitetos ligaram os edifícios entre eles e fizeram um lugar de atração visual na periferia milanesa.

RECONVERSIÓN DE UN ESPACIO DE REFRIGERACIÓN, MILÁN, ITALIA

Las cámaras frigoríficas de Milán, de la calle Piranèse, fueron construidas en 1899, depósito para los productos alimenticios y para las pieles que estaban destinadas a la industria del vestuario. Puesto que allí se fabricaba frío, se decidió en 1923 construir un Palacio de Hielo de 6.000 m² – la pista de patinaje de Milán – concebido como un circo clásico con una pista central flanqueada por tribunas periféricas. En 1999, el estudio 5+1AA se hace cargo de la rehabilitación y desea crear «un efecto de bloque» en la calle Piranèse por entonces caída en letargo después de la clausura de la pista de patinaje. El Palacio del Hielo acoge manifestaciones socioculturales y el edificio de las cámaras frigoríficas sirve como lugar de conservación y restauración de obras de arte. Los arquitectos conectaron los edificios entre sí e hicieron un lugar de atracción visual en la periferia milanesa.

STEFAN FORSTER ARCHITEKTEN

HABITAÇÃO SOCIAL, HALLE, ALEMANHA

Para esta transformação de um edifício de habitação, testemunho da experiência desastrosa no pós-guerra da construção em grande escala de edifícios altos, o arquiteto cortou parcialmente a parte superior do imóvel de maneira a criar uma nova silhueta cortada, menos monolítica e coerciva, permitindo o aproveitamento de grandes terraços nos 3.º e 4.º andares. Foram criados 18 tipos de apartamentos, variando de 35 a 135 m². O espaço entre o edifício e a rua, outrora utilizado como parque de estacionamento, foi aproveitado para avenidas e jardins privados. Ao lado do jardim, foram acrescentadas grandes varandas. O edifício transformado oferece melhores condições de habitação e de convivialidade, melhorando a relação com o espaço público.

VIVIENDA SOCIAL, HALLE, ALEMANIA

Para esta transformación de un edificio de viviendas sociales, testimonio de experiencias desastrosas en la posguerra de construcción a gran escala de edificios altos, el arquitecto cortó parcialmente la parte superior del inmueble de manera que creó una nueva silueta recortada, menos monolítica y coercitiva, permitiendo el aprovechamiento de grandes terrazas en los 3.º y 4.º pisos. Fueron creados dieciocho tipos de apartamentos, variando de 35 a 135 metros cuadrados. El espacio entre el edificio y la calle, una vez utilizado como aparcamiento, fue aprovechado para avenidas y jardines privados. Al lado del jardín, fueron acrecentadas grandes terrazas. El edificio remodelado ofrece mejores condiciones de habitabilidad y convivialidad mejorando la relación con el espacio público.

MASSIMO CARMASSI STUDIO DI ARCHITETURRA

TRANSFORMAÇÃO DOS ANTIGOS MATADOUROS DE ROMA EM CENTRO CULTURAL, ITÁLIA

A restauração de uma parte dos matadouros de Testaccio, em Roma, a «Pelanda des suini» (a fábrica de curtumes de peles de porco), foi realizada de 2007 a 2010. Foram criadas grandes divisórias de vidro, suportadas por estruturas metálicas, que permitiam divisar a grande nave sem perder a visão de conjunto. Os arquitetos optaram por preservar ao máximo os elementos existentes, como as armações metálicas, as caldeiras e os caldeirões, os reservatórios e os carris de ferro aéreos que serviam para transportar as carcaças de porco. A forte presença do passado não pesa nas atividades contemporâneas graças à característica intemporal que os arquitetos souberam dar às suas intervenções, onde a luz faz vibrar alegremente um lugar outrora fora da cidade e longe da vista.

TRANSFORMACIÓN DE LOS ANTIGUOS MATADEROS DE ROMA EN EL CENTRO CULTURAL, ITALIA

La restauración de una parte de los mataderos de Testaccio, en Roma, la «Pelanda des suini» (la fábrica de curtidos de pieles de cerdo), fue realizada del 2007 a 2010. Fueron creadas grandes mamparas de vidrio, sostenidas por estructuras metálicas, que permitían divisar la gran nave sin perder la visión del conjunto. Los arquitectos optaron por preservar al máximo los elementos existentes como las estructuras metálicas, las calderas, los depósitos de agua y los carriles aéreos que eran utilizados para transportar las osamentas del cerdo. La fuerte presencia del pasado no pesa sobre las actividades contemporáneas gracias a la característica intemporal que los arquitectos supieron dar a sus intervenciones, donde la luz hace vibrar alegremente un lugar una vez fuera de la ciudad y de la vista.

JOSÉ BAGANHA

A QUINTA DE SÃO RAFAEL, SINES, PORTUGAL

O projeto do arquiteto consistia em restaurar a antiga residência senhorial localizada na província do Alentejo, no litoral sul de Portugal, e afetá-la a uma residência de 20 quartos para idosos com necessidade de assistência médica. O arquiteto restaurou a antiga residência, articulando-a com um edifício novo destinado a substituir as antigas dependências em ruínas. Este edifício foi desenhado fazendo claramente referência às tipologias urbanas da região. Opondo-se inicialmente à restauração da antiga residência, porque só restavam as paredes exteriores, a presidente da Câmara Municipal de Sines mudou finalmente de ideia a pedido dos habitantes, ligados à memória coletiva do seu quarteirão.

LA FINCA DE SÃO RAFAEL, SINES, PORTUGAL

El proyecto del arquitecto consistía en restaurar la antigua casa señorial ubicada en la provincia de Alentejo, en la costa sur de Portugal y asignarla a una residencia de veinte habitaciones para personas mayores que necesitan asistencia médica. El arquitecto restauró la antigua residencia, vinculándola con un nuevo edificio destinado a sustituir las antiguas dependencias en ruinas. Ese edificio fue diseñado haciendo clara referencia a las tipologías urbanas de la región. Oponiéndose primeramente a la restauración de la antigua casa pues sólo permanecieron las paredes exteriores, la presidenta del Ayuntamiento de Sines cambió finalmente de opinión a petición de los habitantes aun vinculados a la memoria colectiva de su bloque.

MA², FRANCIS METZGER ET ASSOCIÉS & PHILIPPE DE BLOOS

VILLA EMPAIN, BRUXELAS, BÉLGICA

A *villa* foi construída de 1931 a 1934 segundo os planos do arquiteto Michel Polak, numa encomenda do barão Louis Empain, então com 23 anos. O edifício faz parte de um excecional conjunto Art Déco. Após numerosas vicissitudes, a *villa* acaba por ser ilegalmente ocupada e vandalizada no início do ano 2000. Foi resgatada em 2006 pela Fundação Boghossian, que a restaura em tudo o que é possível. A *villa* é classificada em 2007. A Fundação instala aqui a sua sede internacional, assim como um centro de arte e de diálogo entre as culturas do Oriente e do Ocidente.
A *villa* Empain restaurada e as suas exposições temáticas têm um grande sucesso desde a abertura ao público, em abril de 2010.

VILLA EMPAIN, BRUSELAS, BÉLGICA

La villa fue construida de 1931 a 1934 de acuerdo con los planes del arquitecto Michel Polak, un encargo del barón Louis Empain, entonces con 23 años. El edificio hace parte de un excepcional conjunto Art Deco. Después de muchas vicisitudes, la villa acaba por ser ilegalmente ocupada y vandalizada en el inicio del año 2000. Fue rescatada en 2006 por la Fundación Boghossian que la restaura en todo lo que es posible. La villa es clasificada en 2007. La Fundación instala aquí su sede internacional así como un centro de arte y de diálogo entre las culturas de Oriente y Occidente.
La villa Empain restaurada y sus exposiciones temáticas tienen un gran éxito desde la apertura al público en abril de 2010.

DAUFRESNE, LEGARREC, GOUDCHAUX ET ASSOCIÉS

TORRE CHICAGO, PARIS, FRANÇA

O edifício de arquivos do Tribunal de Contas, reestruturado para escritórios entre 2005-2009, foi construído em 1910 pelo arquiteto Constant Moyaux, em betão armado segundo o sistema Hennebique e num estilo Escola de Chicago. Tem 12 andares (dos quais 3 são caves e subcaves), eleva-se em 9 pisos e as suas fachadas estão classificadas. Para remediar a pouca altura do teto (2,20 m), os arquitetos criaram falhas e alturas duplas, montaram espelhos nos tetos e criaram uma policromia de cores quentes e frias que proporcionaram um equilíbrio entre a coerência do conjunto e os necessários contrastes pontuais. Uma reciclagem exemplar tanto no respeito pela história e pelo edifício como na abordagem sustentável e na qualidade de vida para os ocupantes.

TORRE CHICAGO, PARÍS, FRANCIA

El edificio de archivos del Tribunal de Cuentas, reestructurado para oficinas entre 2005-2009, fue construido en 1910 por el arquitecto Constant Moyaux, en hormigón de acuerdo con el sistema Hennebique y llevado a cabo por la Escuela de Chicago. Tiene 12 pisos (de los cuales 3 son sótanos) se yergue en 9 pisos y sus fachadas están clasificadas. Para solucionar la poca altura del techo (2,20 m), los arquitectos crearon huecos y alturas dobles, colocaron espejos en el techo y crearon una policromía de colores cálidos y fríos que proporcionaron un equilibrio entre la coherencia del conjunto y los necesarios contrastes puntuales. Fue un reciclaje ejemplar tanto en el respecto por la historia y el edificio como por el abordaje sostenible y en la calidad de vida ofrecida a sus inquilinos.

JOSÉ MARÍA SÁNCHEZ GARCÍA

TEMPLO DE DIANA, MÉRIDA, ESPANHA

A cidade de Mérida, fundada no ano 25 antes de Cristo, capital da Lusitânia romana, tinha muitos monumentos, entre os quais o templo de Diana, que foi convertido numa residência palaciana no século XVI. Originalmente, o templo, no plano rectangular, estava situado no centro de um espaço livre rodeado por um criptopórtico que sustentava um pórtico. Ao longo do tempo, foi sufocado por construções adventícias. O novo ambiente retoma a disposição original numa linguagem homogénea e muito simplificada que valoriza os vestígios do templo e que se refere à utilização de um material liso contrastado de aspeto grave.

TEMPLO DE DIANA, MÉRIDA, ESPAÑA

La ciudad de Mérida fundada en el año 25 antes de Cristo, capital de la Lusitania romana, tenia numerosos monumentos entre ellos el templo de Diana que fue transformado en una vivienda palaciana en el siglo XVI. Originalmente, el templo en el plano rectangular estaba ubicado en el centro de un espacio libre rodeado por un criptopórtico que sostenía un pórtico. Con el tiempo, fue sofocado por construcciones adventicias. El nuevo ambiente recupera la disposición original en un lenguaje homogéneo y muy simplificado que valora los vestigios del templo y que se refiere a la utilización de un material contrastado de aspecto grave.

ARGOS, GULLINSNIÖ & STUDIO GRANDA

PERSPETIVA HISTÓRICA DA PRAÇA PRINCIPAL DE REIQUIAVIQUE, ISLÂNDIA

A partir de 1786, a vila de Reiquiavique, durante muito tempo uma simples agência de troca de mercadorias, começa a estender-se. Alguns edifícios novos ocupam o espaço que se tornará a praça principal. O primeiro, construído em 1801, foi feito com troncos de árvore. A casa de esquina foi construída em madeira em 1852 e em 1918 é implantado um cinema nas proximidades com fachadas curvas que fazem lembrar Arte Nova. Um incêndio destruiu o cinema em 1998 e um outro as duas casas históricas, em 2007. A Câmara Municipal decide, então, reconstruir o conjunto sustentado num piso no subsolo que liga os edifícios entre eles. As casas foram reconstruídas quase tal como eram, enquanto o cinema foi sobrelevado com um andar e dotado de uma cobertura que sugere a original

PERSPECTIVA HISTÓRICA DE LA PLAZA PRINCIPAL DE REIKIAVIK, ISLANDIA

A partir de 1786, el pueblo de Reikiavik, durante mucho tiempo una simple agencia de cambio de mercadorías, comienza a ensancharse. Algunos edificios nuevos ocupan el espacio que se convertirá la plaza principal. El primero, construido en 1801, fue hecho con troncos de árboles. La casa de esquina fue construida en madera en 1852 y en 1918 un cine es implantado en las proximidades con fachadas curvas que hacen recordar al Arte Nuevo. Un fuego destruyó el cine en 1998 y otro dos casas históricas en 2007. El Ayuntamiento decide, entonces, reconstruir el conjunto sostenido en un piso subterráneo que conecta los edificios entre ellos. Las casas fueron reconstruidas casi como eran mientras el cine fue sobrealzado con un piso y dotado de una cobertura que sugiere el original.

1. Newfield, Quinlan Terry (1982)
2. Orléans, Christian Langlois (1982)
3. Fuenterrabia, Manuel Manzano-Monis, (1982)
4. Thuin, Daniel Lelubre (1982)
5. Estocolmo, Sune Malmquist (1982)
6. Cordobilla, Manuel Iniguez & Alberto Ustarroz (1982)
7. Bordéus, Jean-Pierre Errath (1987)
8. Frankfurt, Ernest Schirmacher (1987)
9. Lesaka, Manuel Iniguez & Alberto Ustarroz (1987)
10. Grangesises, Pompeo Trisciuoglio (1987)
11. Jeddah, Abdel Wahed El-Wakil (1987)
12. Bruxelas, Olivier De Mot & Jean-François Lehembre (1987)
13. Ascot, Demetri Porphyrios & Ass. (1992)
14. La Rigada, Javier Cenicacelaya & Iñigo Saloña (1992)
15. Oslo, Piotr Choynowski (1992)
16. Bruxelas, Robert De Gernier (1992)
17. Alcoy, Luis de Armiño, Vicente Vidal & Francisco Picó Silvestre (1992)
18. Sundridge Park, Liam O'Connor (1992)
19. Bolonha, Ivo, Gabriele Tagliaventi & Ass. (1992)
20. Cauterets, Pierre Sicard & Michel Authié (1995)
21. Bayonne, Jacques Leccia e Christian Parra (1995)
22. Saint-Jean-de-Luz – Ciboure, Guy Montharry (1995)
23. Bruxelas, Daniel Staelens (1995)
24. Sidi Bou Saïd, Tarak Ben Miled (1995)
25. Moscovo, Peter P. Pavlov e Marina P. Pavlova (1995)
26. Gassin, François Spoerry (1998)

27. Mayotte, Sociedade Imobiliária de Mayotte (1998)
28. Parma, Pier Carlo Bontempi (1998)
29. Spetses, Demetri Porphyrios & Ass. (1998)
30. Paris, Jean-Jacques Ory (1998)
31. Namur, Atelier de l'Arbre d'Or (1998)
32. Bruxelas, Atelier d'Art Urbain (1998)
33. Cuba, Eusebio Leal Spengler & La Oficina del Historiador de la Ciudad (2002)
34. Odemira, Alberto Castro Nunes & António Maria Braga (2002)
35. Hassaké, André Stevens & Mohamad Garad (2002)
36. Terra Vecchia & Bordei, Lorenzo Custer (2002)
37. Valenciennes, Bernard Dehertog & Jean Méreau (2002)
38. Herdwangen, Marcel Kalberer (2002)
39. Fisterra, César Portela (2002)
40. Künstendorf, Emir Kusturica (2005)
41. Uzès, Ariel Balmassière (2005)
42. Luz, Pedro Pacheco e Marie Clément (2005)
43. Guédélon, Jacques Moulin (2005)
44. Estocolmo, Aleksander Wolodarski (2005)
45. Vigo, César Portela (2005)
46. Le Plessis-Robinson (2008)
47. Val d'Europe (2008)
48. Dresden (2008)
49. Palermo (2008)
50. Poundbury (2008)
51. Gladbeck (2008)
52. Alessandria (2008)

53. Irun (2008)
54. Knokke-Heist (2008)
55. Sundsvall (2008)
56. Ilanz, Ramun Fidel Capaul & Gordian Blumenthal (2011)
57. Berlim, David Chipperfield Architects com Julian Harrap (2011)
58. Lonate Ceppino, DAP Studio Elena Sacco & Paolo Danelli (2011)
59. Milão, 5+1AA, Alfonso Femia, Gianluca Peluffo, Simonetta Cenci (2011)
60. Halle, Stefan Forster (2011)
61. Roma, Massimo Carmassi Studio di Architettura com Risorse per Roma (2011)
62. Sines, José Baganha (2011)
63. Bruxelas, Bureau d'architecture MA², Francis Metzger et associés com Philippe de Bloos (2011)
64. Paris, Daufresne, Le Garrec et associés; Goudchaux architecte et associés (2011)
65. Mérida, José Maria Sánchez Garcia (2011)
66. Reiquiavique, ARGOS, Gullinsnið & Studio Granda (2011)

Sources documentaires / Documentary sources

L. Archer, *Raymond Erith architect*, Burford, The Cygnet Press, 1985 : 30.

Archives d'architecture de la côte basque, Biarritz : 36 (s), 37.

Archives d'architecture moderne, Bruxelles 14, 15, 16, 17, 19 (s), 19 (i), 21, 23, 24, 25, 32, 34 (sd), 38 (s), 43, 45, 48, 49, 50, 52, 53, 60 (s), 61, 64, 65, 66, 69, 74 (s), 110, 112, 113, 115, 118, 119.

Atelier d'Art Urbain : 122.

S. Assassin, *Séville, l'exposition ibéro-américaine 1929-1930*, Paris, Norma, 1992 : 38 (i), 40, 121.

David Brownlee, *Making a Modern Classic : The Architecture of the Philadelphia Museum of Art*, Philadelphia Museum of Art, 1997 : 113 (m).

Collection privée : 18, 39.

M. Culot et J. Pavlosky, *Architectures d'André Pavlosky*, Paris, Norma, 1991 : 33, 36 (i).

E. Ducamp, *Le Bois des Moutiers*, La Maison rustique-Flammarion, 1998 : 29.

Greater London House, Londres, Resolution Property Plc, s.d. : 120, 121.

K. Gurber, *Forme et caractère de la ville allemande*, Bruxelles, AAM, 1985 : 46.

Institut français d'architecture, Paris : 20, 77.

F. Irace, *L'architetto del lago. Giancarlo Maroni e il Garda*, Milan, Electa, 1993 : 42.

P. Katz, *The New Urbanism*, New York, 1994 : 58, 59.

Moderne Bauformen, Stuttgart, Julius Hoffmann, 1905 : 28, 31 (i).

M. Moldoveanu, *S'Agaró. 1916-1996*, Girona, Col-legi d'Arquitectes de Catalunya. Demarcació de Girona, 1996 : 41.

Porphyrios Associates recent work, London, Andreas Papadakis, 1999 : 116, 117.

Prix européen d'architecture Philippe Rotthier : 70, 71 (s), 72, 73, 75, 76, 78-109, 128, 130-131, 134-139, 142-181.

Roma come era et come é. Ricostruzioni del centro monumentale di Roma Antica, Rome, ed. Vision, s.d. : 125, 127.

G. Tagliaventi : 60, 62.

E. Viollet-le-Duc, *Dictionnaire raisonné de l'architecture française du XIe au XVIe siècle*, Tome III, Paris, s.d. : 22.

Ginger Wadsworth, *Julia Morgan, architect of dreams*, Minneapolis, Lerner publications company, 1990 : 31 (s).

G. Wangerin et G. Weiss, *Heinrich Tessenow. Ein Baumeister 1876-1950*, Essen, R. Bacht, 1976 : 47.

Crédits photographiques / Photographic credits

Akademiska Hus: 191 (b); Architektengruppe Hofmann-Syffus-Knaack: 189 (i); Archives d'Architecture Moderne, Bruxelles: 15, 16, 17, 21, 34 (sd), 43, 44 (sd), 48, 51, 60 (s), 111; S. Assassin: 38 (i), 121; Atelier X. Bohl: 187 (s); B. Augsburger: 192, 198; Bastin et Evrard: 94, 169 (s); B. Boccara: 107 (i), 120; C. Borghese: 201 (s); P H E. Brambilla Mandibola M. (D.R.): 26-27; H. Collischonn: 19 (i); M. Culot: 182, 190 (i); DAP Studio Elena Sacco & Paolo Danelli: 199 (i); M. Davoli: 140; Ph. De Gobert: 56, 57; Dehenain: 23; G. De Kinder: 202 (s); D. Delaunay: 77 (i); M. de Schaetzen: 100, 176, 178; D.R.: 55, 71, 74 (i), 77; Duchy of Cornwall: 189 (s); Estudio de arquitectura José María Sánchez Garcia: 203 (s); G. Fatta / Universita degi Studi di Palermo: 188 (i); Gesellschaft Historischer Neumarkt Dresden: 188 (s); Y. Glavie: 95, 169 (i); J.-B. Leroux: 29; L Lévy: 34 (s); Lignon: 115; S. Lucas: 202 (i); F. Meadows: 20; M. Moldoveanu: 35, 41; P. Nuno Silva: 12-13, 179 (i); C. Osorio: couverture / cover; J. Pavlovsky: 33, 36 (i); A.-M. Pirlot: 103, 179 (s); D. Plater-Zyberk & Company: 191 (s); Schall: 34 (i); SG+FG, Fotografia de Arquitectura: 201 (i); Sigurgeir Sigurjónsson: 203 (i); L. Simpson: 80 (i), 81; G. Tagliaventi: 190 (s); Tarak Ben Miled: 105, 106, 158, 161 (s); Tibo, Disneyland Paris Imagineering: 187 (i); Quinlan Terry: 142; J. Thirion: 49; G. Tagliaventi: 63, 157 (i); J.-L. Valentin: 200 (i); J. von Bruchhausen: 199 (s); C. Wood: 116; 5 + 1 AA: 200 (s).